Prof. Dr. Valentin Reitmajer

Deutsch – Böhmisches

Kochbuch

Erweiterte Neuausgabe

Original biologisch-dynamische
Rezepte aus der Küche meiner
deutsch-böhmischen Urgroßmutter

Prof. Dr. Valentin Reitmajer

DEUTSCH-BÖHMISCHES KOCHBUCH

Erweiterte Neuausgabe

Die Deutsche Bibliothek – CIP – Einheitsaufnahme

Reitmajer, Valentin
Deutsch-Böhmisches Kochbuch
Oberding, Reimo-Verlag 2023

Am Mitterfeld 3, 85445 Oberding
Tel.: 08122 / 47 99 715
Fax: 08122 / 47 99 714
E-Mail: reimo_verlag@gmx.de
www.reitmajer-verlag.de

Umschlaggestaltung: Valentin Reitmajer

Abbildung S. 9 und 12 aus „An den Hängen der Karpaten…“ von Josef Neuburger

ISBN 978 – 3 – 942867 – 80 – 1

Meiner Mutter, Groß- und Urgroßmutter

sowie Frau Berta Eigner gewidmet

von

Prof. Dr. Valentin Reitmajer

Vorwort

Die 1. Auflage des „Deutsch-Böhmische Kochbuches" erschien 1997 , also vor über 25 Jahren.

Obwohl es damals bereits mit 5.000 Exemplaren aufgelegt wurde, ist es schon seit längerer Zeit vergriffen. So groß war die Nachfrage nach dieser besonderen Art zu kochen.

Aber nicht nur die Nachfahren dieses kleinen, nun schon fast ganz ausgestorbenen Völkchens der „Deutsch-Böhmen" interessierten sich für diese einfache, aber geschmackvolle Art zu kochen, sondern auch diejenigen, die diese original biologisch - dynamischen Rezepte meiner deutsch-böhmischen Urgroßmutter vor ca. 300 Jahren noch heute schätzen und lieben.

Sehr häufig kommen noch Anfragen und Bestellungen. Deshalb habe ich mich entschlossen, das Buch mit der Küche meiner Vorfahren nochmals neu aufzulegen und mit Menü-Vorschlägen zu ergänzen.

Denn diese Gerichte sind so urig und originell, dass sie für Selbstversorger, die Gemüse und Früchte gerne im eigenen Garten anbauen, weil sie der kommerziell angebotenen Ware, die meist viele Dünge- und Schädlingsvernichtungsmittel enthält, nicht mehr trauen. Für diese Köche ist das „Deutsch – Böhmische Kochbuch" eine hervorragende Anleitung, geschmackvolle und gesunde Gerichte aus Biogemüse und -früchten herzustellen.

Gutes Gelingen und guten Appetit!

Prof. Dr. Valentin Reitmajer

Einführung

1. Die Geschichte der deutsch-böhmischen Küche

Die Geschichte der hier vorgestellten Rezepte, die seit fast 200 Jahren von Generation zu Generation mündlich weitergegeben wurden, kann man wahrlich als abenteuerlich bezeichnen.

Meine Urgroßmutter wurde 1832 in einem winzigen Dörflein im Böhmerwald, unweit Bayerisch Eisenstein im Bayerischen Wald, als Kind deutschstämmiger Waldarbeiter, vermutlich aus der Oberpfalz zugewandert, geboren.

Typisches Bauernhaus im Böhmerwald

Da ihre Eltern im Böhmerwald wohl keine Zukunft sahen und sicherlich mit Gütern nicht gerade gesegnet waren, nahmen sie im Jahre 1838 das Angebot des österreichischen Kaiserhauses, zu dessen Reich Böhmen damals gehörte, dankbar an, in die im heutigen Rumänien gelegene BUKOWINA auszuwandern.

Die Bukowina war damals und bis 1918 das östlichste Kronland der riesigen, viele Nationen umspannenden Donaumonarchie Österreich - Ungarn. Und genau dort versprach der Kaiser den auswanderungswilligen Deutsch-Böhmen Land und Auskommen.

Also machten sich die Eltern meiner Urgroßmutter zusammen mit 37 anderen Familien auf und wanderten, mit ihren Habseligkeiten bepackt, über 1000 km zu Fuß von Böhmisch- Krumau, (heute: Ceský Krumlov) aus über Galizien in die ersehnte neue Heimat.

Böhmisch-Krumau (heute Ceský Krumlov)

Auf ihrem, vor allem für die Kinder beschwerlichen Fußmarsch, meine Urgroßmutter war gerade 6 Jahre alt, wurden die Siedler von einer kaiserlichen Eskorte begleitet und beschützt.

Als sie jedoch nach monatelanger, entbehrungsreicher Wanderung in der Bukowina anlangten, war die Enttäuschung groß, denn wo sie sich ansiedeln sollten, war nichts als Urwald!

Der Kaiser hatte gerufen, aber nicht Wort gehalten. Da es kein zurück gab, krempelten die Eltern meiner Urgroßmutter und die anderen Siedler die Ärmel hoch und rodeten den Wald, bauten zunächst notdürftige Hütten, später richtige Häuser aus Holz so wie sie es von zu Hause, dem Böhmerwald, gewohnt waren und betrieben kleine Landwirtschaften.

Die ersten Siedlerhäuser in Pojana Micului (Buchenhain) in der Bukowina

Aufbruch in die neue Heimat

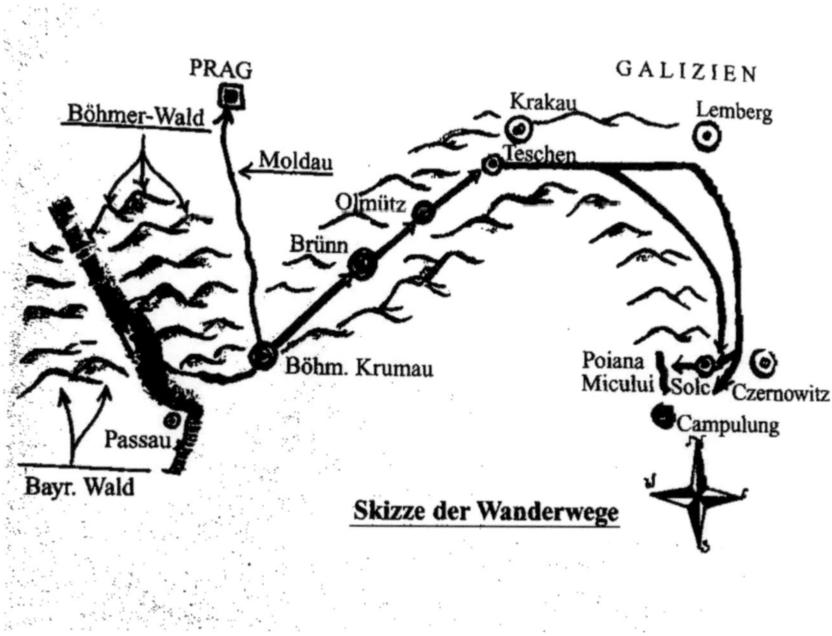

Der Weg der Auswanderer führte südlich von Krakau direkt nach Osten bis kurz vor Lemberg. Dann ging es nach Süden in die Bukowina, westlich von Czernowitz vorbei nach Radauti.

Auch ansonsten machten sie fast alles wie zu Hause in Böhmen. Die Art zu bauen, zu singen, zu sprechen und natürlich auch zu kochen.

Im Laufe der Zeit entstand ein richtiges, deutsch-böhmisches Dorf - sie nannten es Pojana Micului, auf deutsch Buchenhain - mit Kirche und Schule. Und die 38 Gründerfamilien waren innerhalb von 100 Jahren zu einer Dorfgemeinschaft von ca. 2000 Seelen herangewachsen.

Pojana Micului (Buchenhain): Kirche mit einigen Häusern

Die böhmische Heimat wurde aber in all den Jahren nie vergessen und am abendlichen Kaminfeuer, wenn Frauen und Mädchen am Spinnrad saßen und die Männer Holzschuhe und andere Gegenstände schnitzten, wurde darüber viel erzählt.

Die Buben erlernten von ihren Vätern die Feld- und Waldarbeit, die Mädchen von ihren Müttern die Küchen- und Hausarbeit, so wie diese es wieder von ihren Eltern übernommen hatten. Auf diese Weise war es ganz natürlich, dass die Töchter - so auch meine Urgroßmutter, Großmutter und Mutter - die Art zu kochen von ihren Müttern übernahmen und diese wieder an ihre Töchter weitergaben, ohne dass jemals Rezepte aufgeschrieben werden mussten.

Meine Urgroßmutter

Meine Großmutter

Meine Mutter

Denn wie in der Sprache und sonstiger Tradition achteten die Deutsch-Böhmen sehr sorgfältig auf ihre Tradition, obwohl sie oder gerade weil sie in der Bukowina in einem Vielvölkerstaat lebten, umgeben von Rumänen, Russen, Tschechen, Ungarn, Huzulen und Juden, die ebenfalls auf ihre Tradition achteten.
Insgesamt aber lebten alle Volksgruppen - im Grunde vorbildhaft für das heutige Europa - recht friedlich nebeneinander und miteinander. Ja, sie übernahmen manchmal sogar das eine oder andere voneinander, wie die Rezepte zum Teil zeigen.
Nach ca. 100 Jahren war jedoch alles zu Ende.

Während des Zweiten Weltkrieges, im Winter 1940, wurden die Dörfler halb freiwillig, halb gezwungen von den Nationalsozialisten im Rahmen der Aktion „Umsiedlung Süd-Buchenland" - besser bekannt unter dem Slogan „Heim ins Reich" - in das Deutsche Reich evakuiert.

Umsiedlung Süd-Buchenland: Kurzer Aufenthalt in Oradea

Sie landeten zunächst in einem Lager in der österreichischen Steiermark und wurden dann in Polen für kurze Zeit als sogenannte „Frontbauern" angesiedelt. Gegen Ende des Krieges flüchteten sie mit Pferdefuhrwerken vor der herannahenden russischen Front nach Deutschland, wo die meisten in Niederbayern, aber auch in anderen Landschaften Deutschlands nach einer entbehrungsreichen Zeit neue Heimat fanden.

Ihr Dorf hatte aufgehört zu existieren, da es von der deutschen Armee vor den herannahenden Russen niedergebrannt wurde. Erst Jahre später wurde es teilweise von Rumänen wieder aufgebaut, hatte jedoch nicht mehr Aussehen und Struktur von früher.

Heute sind die meisten von ihnen alt oder bereits gestorben. Ihre Art zu sprechen, zu singen, aber ganz besonders zu kochen, gerät mit dem Tod der letzten noch lebenden Siedlern Buchenhains in Vergessenheit, denn ihre Kinder haben sich in die jeweiligen deutschen Verhältnisse eingefügt und sich in der Regel so sehr assimiliert, dass ihnen die Küche ihrer Vorfahren fremd geworden ist.

Auch mir ist es so ergangen, bis ich vor nicht allzu langer Zeit entdeckte, wie schade es eigentlich wäre, wenn eine ganze Kochtradition und Eßkultur völlig in Vergessenheit geraten würde - und, wie aktuell diese Küche eigentlich in einer Zeit ist, die von überfeinerter Küche zum einen, aber ganz besonders von unnatürlicher, ungesunder und abgepackter Industrienahrung zum anderen überschwemmt wird.
Viele Menschen, insbesondere die ernährungsbewußten, wollen sich heute wieder, mit gutem Grund, natürlich und mit biologisch einwandfreier Kost ernähren. Und genau dafür bieten die folgenden Rezepte der deutsch-böhmischen Küche vielfältige Ideen und Anreize.

Deshalb habe ich versucht, herauszufinden, wie meine Vorfahren, die Deutsch-Böhmen, wohl zur Zeit meiner Urgroßmutter gekocht und gegessen haben. Zum Teil wusste ich es natürlich noch aus meiner Kindheit, als Mutter noch lebte und ebenso kochte. Die Details habe ich jedoch Frau Berta E I G N E R aus Julbach/Inn zu verdanken, die mit ihren 75 Jahren noch heute wie zu Hause, in Pojana Micului, kocht und mir viele Geheimnisse ihrer Kochkunst verraten hat.

2. Das Besondere der deutsch-böhmischen Küche

- ohne künstliche Zutaten

Dass diese Art zu essen schon fast zwei Jahrhunderte alt ist, sagte ich bereits. Dennoch ist es interessant und nicht ohne Bedeutung, sich darauf zu besinnen und zu sehen, wie man sich damals ohne Kühlschrank, ohne Kühltruhe, ohne Supermarkt um die Ecke und ohne jedwede künstliche Mittel

(Schadstoffe!) ernährte, Lebensmittel konservierte und mit einfachen Mittel sich abwechslungsreich ernährte. Denn es gab natürlich im Dörfchen Pojana Micului keinen Metzger, keinen Bäcker, keinen Lebensmittel- und Getränkeladen und auch keinen Obst- oder Gemüsehändler.
Jede Familie versorgte sich selbst, ohne künstliche Düngungsmittel oder Konservierungsstoffe auch nur zu kennen, geschweige denn anzuwenden. Und die nächste Stadt war ca. 30 km entfernt, was zu Fuß oder mit dem Pferd eine beträchtliche Strecke war.

- *einfach, aber schmackhaft und gesund*

Da die Siedler in Buchenhain meist eher arm als reich waren und viele Kinder hatten - acht bis zehn waren fast die Regel -, sah man sich gezwungen, möglichst einfach, oftmals fast schon spartanisch zu kochen.

Dass dies jedoch nicht auf Kosten der Schmackhaftigkeit, Natürlichkeit, vor allem aber der Gesundheit ging, zeigen die Rezepte, die ungemein schmackhafte und abwechslungsreiche Gerichte bieten.
Natürlich waren alle Lebensmittel biologisch einwandfrei, da sie, mit nur wenigen Ausnahmen, von eigener Hand und ohne künstliche Zutaten hergestellt wurden. Heute würde man dazu biologisch-dynamische Lebensmittelerzeugung sagen.

- *originell und original*

„Deutsch-böhmische Küche! Ach, böhmische Küche!“ mag so mancher sagen, der dies hört. Ich weiß schon: *„Knedlicky“*, *„Bowidldatschgerl“*, *„Schweinebraten mit Sauerkraut“* und die *„Musi“* spielt dazu. Weit gefehlt! Die hier vorgestellte Küche hat damit *nichts* oder kaum etwas zu tun. Sie ist weder das, was man unter typisch deutscher, noch das, war man unter typisch böhmischer Küche versteht. Sie ist etwas ganz Original-Originelles, sie ist eben die „Deutsch-Böhmische Küche"!

3. Deutsch-Böhmische Küche vom Feinsten

Natürlich war an Werktagen, schon der Not gehorchend, „Schmalhans" Küchenmeister bei den Dörflern, was nicht heißt, dass der Speisezettel nicht schmackhaft und abwechslungsreich gewesen wäre.
An Feier- und Festtagen, wie z. B. Weihnachten, Ostern, Kirchweih, oder bei Hochzeiten und Kindstaufen, wurde alles aufgetragen, was Haus und Hof hergaben.

Lassen Sie sich für Ihren „deutsch-böhmischen Festtagsschmaus" davon anregen!

Eröffnet wird die Tafel traditionsgemäß mit einer Rindersuppe mit selbstgemachten Bandnudeln („*Fleischsubbn mid gschniedne Nuhln*"), der als Hauptmahlzeit das obligatorische gebratene Fleisch („*Brodns Fleisch*") oder/und gebratene Gänse, Enten, Hühner („*Andn-, Gockl- Gansbrodn*") mit Kartoffelpuffern bzw. -kuchen („*Dotschala*"/"*Dotschn*") oder Kartoffelknödeln („*Dreapflgnehl*") folgen.

Als Salate kommen, je nach Jahreszeit, Gurkensalat („*Umurken*"), Tomatensalat („*Domadnsolod*"), Grüner Salat („*Greana Solod*"), Krautsalat („*Graudsolod*"), Gesäuerte Gurken, Mohrrüben, Bohnen („*Gseiade Umurken, Riabala, Scheula*") oder Rettichsalat („*Radesolod*") auf den Tisch.

Zur Nachspeise werden gekochte Dörrzwetschgen („*Driggade Zwäschbn*"), Dörrapfelscheiben („*Epfl-schbaldln*"), Bratäpfel („*Brodne Epfl*") oder im Sommer Beeren-Joghurt-Speise („*Bialagansch*") gereicht.

Dazu gibt es Gebäck, wie z. B. Schmalzgebäck („*Scheula*" oder als besonderen Leckerbissen Mohnstrudel („*Mohnschdruhl*").
Ein kräftiger Schnaps rundet das Mahl ab, zu dem an besonderen Festtagen Wein oder Bier, ansonsten Most getrunken wurde.
Ein ganz besonders wichtiger Bestandteil so eines Festmahles sind aber auch Krautwickel („*Galuschde*") und Knöchelsülze („*Gschdonas*"), die den ganzen Festtag über, sozusagen als Zwischenmahlzeiten, den Schmausenden zur Verfügung stehen.

Am späten Nachmittag - das Festessen dauert Stunden - wird Kaffee gereicht, der nur an diesen Tagen und an den Sonntagen getrunken wurde. Dazu servieren die Hausfrauen das schon vorher aufgetragene Gebäck, insbesondere aber das sogenannte „*Waggal*" (Hefezopf) , das mit frischer Butter eine ganz besondere Köstlichkeit darstellt.

Haben Sie schon Appetit bekommen?
Versuchen Sie es selbst und veranstalten Sie ein Festmahl, dass sich der Tisch biegt!

4. Deutsch-Böhmische Küche als interessante Alternative

Viele Menschen von heute, ganz besonders die kulinarisch interessierten, sind der viel gepriesenen „Nouvelle Cuisine" oder auch der häufigen Fleischgerichte überdrüssig geworden bzw. suchen nach einer deftigen, urigen und zugleich gesunden Abwechslung und Alternative. Insbesondere diese, aber auch alle anderen Leser werden ihre helle Freude an den folgenden, häufig auch fleischlosen Gerichten haben, die ob ihrer Einfachheit und Natürlichkeit verblüffen sowie durch ihre Schmackhaftigkeit, Urwüchsigkeit und Bekömmlichkeit überraschen.
Da die Sprache der Deutsch-Böhmen und damit die Bezeichnung der Gerichte und Zutaten sowie die, die Rezepte umrankenden Geschichten aus dem Dorfleben das Ganze erst richtig original und originell machen, sind, so weit es ohne Lautschrift geht, die

Gerichte und Zutatenbezeichnungen im Dialekt der Deutsch-Böhmen, der zwischen Oberpfälzisch und Österreichisch angesiedelt ist, jeweils angeführt bzw. hinzugefügt. Der Verständlichkeit halber werden aber auch die hochdeutschen Entsprechungen immer genannt.

Wer nicht, wie die Dörfler in Pojana Micului (Buchenhain) selbst biologischen Anbau und artgerechte Tierhaltung betreiben kann, muss auf Lebensmittel der erfreulicherweise immer mehr verbreiteten biologisch-dynamischen Anbieter und artgerechten Tierzüchter zurückgreifen. Manchmal mag es auch etwas mühsam sein, das einer oder andere selbst herzustellen oder im Laden zu bekommen, aber, Sie werden sehen, es lohnt sich!

Versuchen Sie es doch einmal!

Guten Appetit!

Dr. Valentin Reitmajer

Suppen

Eibränsubbn (Einbrennsuppe)

Zutaten für 4 Personen:

1 Liter Wasser	*(Wossa)*
1 Prise Kümmel	*(Kähm)*
1 EL Fett	*(Schmolz)*
2 EL Mehl	*(Mahl)*
1 Prise Salz und Pfeffer	*(Solz, Pfäffa)*
4 EL süßer Rahm	*(Schmäddn)*

Das Wasser zum Kochen bringen, Kümmel dazugeben und 5 Minuten weiterkochen lassen. Inzwischen eine Einbrenne herstellen:

1 Eßlöffel Fett in einer Pfanne schmelzen lassen, mit 2 Eßlöffel Mehl verrühren, bis eine goldbraune Masse entsteht. Die Einbrenne in das kochende Kümmelwasser einrühren, mit süßem Rahm, Salz und Pfeffer abschmecken.

*

Die Einbrennsuppe wurde in den meisten deutsch-böhmischen Familien als Frühstücksmahlzeit gegessen.

Broudsubbn *(Brotsuppe)*

Zutaten für 4 Personen:

1 Liter Wasser	*(Wossa)*
1 Prise Kümmel	*(Kähm)*
1 EL Fett	*(Schmolz)*
2 EL Mehl	*(Mahl)*
1 Prise Salz und Pfeffer	*(Solz, Pfäffa)*
4 EL süßer Rahm	*(Schmäddn)*
8 Scheiben getrocknetes Brot	*(Druggas Broud)*
3 Knoblauchzehen	*(Gnoflzähala)*

Suppe mit Einbrenne herstellen. Die gewürfelten Brotstücke mit der Einbrennsuppe übergießen.
Noch urtümlicher und originaler ist es, das Brot mit der Hand in die Suppe „einzubrocken“, d. h. das Brot in kleine Stücke zu zerpflücken.
Tip:
Die Suppe wird durch 2 bis 3 zerdrückte Knoblauchzehen, die vor dem Servieren noch eingerührt werden, noch pikanter!

*

Die Brotsuppe war als sättigende Abendmahlzeit sehr beliebt und kam der Sorge entgegen, keinesfalls Lebensmittel, wie z. B. Brot, verderben zu lassen.

Sauane Miehlsubbn *(Sauere Milchsuppe)*

Zutaten für 4 Personen:

1/8 Liter Vollmilch	*(Vohlmiehl)*
1/2 Liter Buttermilch	*(Buhdamiehl)*
1/4 Liter Wasser	*(Wossa)*
3 EL Gries	*(Grias)*
1 Prise Salz und Pfeffer	*(Solz und Pfäffa)*
1 Bund Petersilie	*(Bädasahl)*
1 Bund Schnittlauch	*(Schniedlauch)*
3 EL süßer Rahm	*(Siaßa Schmäddn)*

Buttermilch mit Wasser erhitzen. Aus Gries und Vollmilch einen flüssigen Brei herstellen, salzen und pfeffern, und in die erhitzte Buttermilch einrühren. Rahm, zerhackten Schnittlauch und zerkleinerte Petersilie in die Suppe geben, verrühren und unter ständigem Rühren kurz aufkochen. (Vorsicht: Milch kocht leicht über!)

*

Zur saueren Milchsuppe wird kräftiges Schwarzbrot gereicht. Auch Salzkartoffeln schmecken dazu sehr gut und ergeben eine vollständige Mahlzeit.

Boarschdsubbn (Borschtsuppe)

Zutaten für 4 Personen:

2 Rote Rüben	*(Roude Raana)*
3 Kartoffeln	*(Dreapfl)*
2 Gelbe Rüben	*(Galbe Riabala)*
1 Zwiebel	*(Zwiefl)*
1 Scheibe Sellerie	*(Sahlerie)*
1 Stange Lauch	*(Bohre)*
1 kleine Büchse Schnittbohnen	*(Scheula)*
1 Liter Wasser	*(Wossa)*
1 EL Butter	*(Buhda)*
2 EL Mehl	*(Mahl)*
2 EL saurer Rahm	*(Sauana Schmäddn)*
2 EL Essig	*(Esse)*
1 Zitrone	*(Zitrona)*
1 Bund Petersilie	*(Bädasahl)*

Gewürfeltes Gemüse mit zerhackter Petersilie und Zwiebel in Wasser kochen, bis es weich ist. Einbrenne herstellen und in die Suppe einrühren, dann mit saurem Rahm, Essig, Salz und Pfeffer pikant abschmecken. Es erhöht den Geschmack, wenn man die letzte Viertelstunde 4 dünn geschnittene (unbehandelte!) Zitronenscheiben mitkocht.

*

Zu Borscht schmeckt ganz besonders gut „*Mamalei*“ mit Birnen; auch „*Mamaligga*“ (evtl. auch kalt, in Scheiben geschnitten) paßt dazu. Mit diesen Beilagen entsteht eine vollständige Mahlzeit!

*

Bei der Borschtsuppe handelt es sich vermutlich um eine Anleihe aus der rumänischen Küche, die jedoch zu einem festen Bestandteil des deutsch-böhmischen Speisezettels wurde.

Dreapflsubbn *(Kartoffelsuppe)*

Zutaten für 4 Personen:

1 Liter Wasser	*(Wossa)*
6 mittlere Kartoffeln	*(Dreapfl)*
2 gelbe Rüben	*(Galbe Riabala)*
1 Bund Petersilie	*(Bädasahl)*
1/2 Zwiebel	*(Zwiefl)*
1 EL Fett	*(Schmolz)*
2 EL Mehl	*(Mahl)*
1 Prise Salz und Pfeffer	*(Solz, Pfäffa)*
1 EL Essig	*(Esse)*
4 EL saurer Rahm	*(Sauana Schmäddn)*

Gewürfelte Kartoffeln, gelbe Rübenscheiben mit zerhackter Petersilie und Zwiebel in Wasser kochen, bis die Kartoffeln und das Gemüse weich sind. Einbrenne herstellen und in die Suppe einrühren, dann mit saurem Rahm, Essig, Salz und Pfeffer abschmecken.

*

Zur „*Dreapflsubbn*“ paßt am besten eine kräftige Scheibe Schwarzbrot. Auch „*Mamaligga*“ (warm oder kalt) schmeckt hervorragend dazu.

Gemiesesubbn *(Gemüsesuppe)*

Zutaten für 4 Personen:

3 Kartoffeln	*(Dreapfln)*
2 gelbe Rüben	*(Galbe Riabala)*
1 Zwiebel	*(Zwiefl)*
1 Scheibe Sellerie	*(Sahlerie)*
1 Stange Lauch	*(Bohre)*
1 kleine Büchse Schnittbohnen	*(Scheula)*
1 Liter Wasser	*(Wossa)*
1 EL Butter	*(Buhda)*
2 EL Mehl	*(Mahl)*
2 EL saurer Rahm	*(Sauana Schmäddn)*
1 Prise Salz, Pfeffer	*(Solz, Pfäffa)*

Das kleingeschnittene Gemüse im Wasser ca. 1/2 Stunde lang kochen, bis es weich ist. Danach die Schnittbohnen zugeben und mit Salz, Pfeffer und einigen Tropfen Essig würzen. Die mit Butter, Mehl und 1 Tasse Wasser hergestellte Einbrenne sowie sauren Rahm in die Suppe einrühren. Mit Pfeffer und Salz (evtl. mit Streuwürze) abschmecken.

*

Zur Gemüsesuppe schmeckt besonders gut „*Mamalei*“ mit Birnen.

Fleischsubbn mid gschniedne Nuhl *(Fleischsuppe mit Bandnudeln) auch*

Houzadsubbn *(Hochzeitssuppe)*

Zutaten für 4 Personen:

1 Pfund Suppenfleisch mit Markknochen	*(Subbnfleisch mid an Moahr)*
1 Liter Wasser	*(Wossa)*
1 Bund Suppengrün	*(Greazeich)*
1 Prise Salz, Pfeffer	*(Solz, Pfäffa)*
150 g Bandnudeln	*(Gschniedne Nuhln)*

Suppenfleisch mit Markknochen sowie Suppengrün in kaltes Wasser legen und auf kleiner Flamme (unbedeckt) kochen lassen. Nach ca. 3 - 4 Stunden Kochzeit (von Zeit zu Zeit abschäumen!) Nudeln hinzufügen und bißfest kochen. Vor dem Servieren nochmals (evtl. auch mit etwas Essig) abschmecken, die Knochen herausnehmen, das Fleisch mundgerecht kleinschneiden und wieder der Suppe beifügen.

*

Diese Suppe gab es eigentlich nur zu besonderen Tagen, wenn ein Rind geschlachtet wurde, was natürlich nur selten im Jahr der Fall war. Weil diese Suppe eine derartige Besonderheit darstellte, wurde sie auch bei Hochzeitsfeiern als besondere Vorspeisenspezialität gereicht. Deshalb trägt sie auch den Namen „Hochzeitssuppe". Selbstverständlich wurden die Nudeln von Hand von der Hausfrau zubereitet.

Wenn es nicht so feierlich wie bei einer Hochzeitsfeier zuging, war es für die Familie ein besonderer Leckerbissen, das Mark aus den Knochen sowie das an den Knochen befindliche Fleisch auszulösen und mit Pfeffer und Salz sowie einer Scheibe Brot zu verspeisen.

Siasse Bezlsubbn *(Süße Einlaufsuppe)*

Zutaten für 4 Personen:

1 Ei	*(Oa)*
Mehl	*(Mahl)*
1/2 Liter Wasser	*(Wossa)*
1/2 Liter Milch	*(Miehl)*
Salz, Pfeffer	*(Solz, Pfäffa)*

Aus Ei und Mehl durch Verrühren und Kneten einen ganz festen Teig herstellen und zu einer Kugel formen. Die Mehlmenge muß so proportioniert werden, dass der Teig ganz fest wird.
Wasser zum Kochen bringen und die Teigkugel mit der groben Fläche eines Reibeisens in das kochende Wasser einraspeln. Milch einrühren und kurz aufkochen. Mit Salz und Pfeffer abschmecken.

*

Zu dieser Suppe schmecken besonders gut Pellkartoffeln. Zusammen mit der Suppe stellen sie eine vollständige Mahlzeit dar.
Eine besondere Delikatesse ist es, die Pellkartoffeln zu salzen und zu pfeffern sowie mit einem Stückchen Butter zur Suppe zu verspeisen.

Fleisch- und Fischgerichte

Brodns Fleisch *(Schweins-, Rinder-, Kalbsbraten)*

Zutaten für 4 Personen:

1 kg Schweine-, Rind- oder Kalbfleisch und/oder Geräuchertes	*(Schwei-, Kuah-, Keiwlfleisch oder Gsalchds)*
1 Prise Salz, Pfeffer, Paprika, Kümmel	*(Solz, Pfäffa, Babrika, Kähm)*
1 Knoblauchzehen	*(Gnoflzähala)*
1/2 Liter Wasser	*(Wossa)*
3 Zwiebeln	*(Zwiefln)*
400 g Geräuchertes	*(Schbeeg)*

Fleisch waschen, trockentupfen, salzen, pfeffern und mit Paprika und Kümmel würzen. Geräuchertes als ganzes Stück oder gewürfelt mit den Knoblauchzehen sowie den geviertelten Zwiebeln und 1/4 Liter Wasser in die Bratreine zum Fleisch geben.
Das Fleisch ca. 1 1/2 Stunden braten (bei 200 Grad) und von Zeit zu Zeit mit dem restlichen Wasser übergießen.

*

Nach diesem Rezept kann jede Art von Fleisch (auch Geräuchertes ohne Frischfleisch: siehe unten) zubereitet werden.
Zu dieser Art von Braten passen besonders gut *„Dotschn"* und „Dotschala" oder auch *„Dreapfl-gnehl"* . Neben Gurken-, Tomaten- oder grünem Salat schmecken ganz hervorragend *„Gseiade Umurken, Riabala und Scheula"* zum Braten.

*

Da früher meist nur einmal im Jahr, nämlich zur Weihnachtszeit oder im Fasching, geschlachtet wurde und natürlich keine Metzgerei weit und breit war, gab es außerhalb der Schlachtzeit kaum

frisches Fleisch. Deshalb wurde ein großer Teil des geschlachteten Schweins geräuchert und an einem kühlen Ort das Jahr über aufbewahrt.
Sehr häufig wurde deshalb der sonntägliche Braten nicht aus Frischfleisch, sondern aus Geräuchertem (s. o.) zubereitet, was geschmacklich keineswegs eine Einschränkung, sondern eine ganz besondere Köstlichkeit darstellt. Selbstverständlich wird beim Geräucherten auf das Würzen mit Salz, Pfeffer und Paprika verzichtet. Kümmel, Zwiebeln und Knoblauchzehen werden aber der Soße wegen natürlich beigegeben.

Greefleisch *(Gedünstetes Rindfleisch mit Meerrettichsoße)*

Zutaten für 4 Personen:

1 kg Rindfleisch	*(Kuahfleisch)*
2 gelbe Rüben	*(Galbe Riabala)*
2 Zwiebeln	*(Zwiefln)*
2 EL Meerrettich	*(Gree)*
Salz, Pfeffer, Paprika	*(Solz, Pfäffa, Babrika)*
2 EL Öl oder Bratfett	*(Ähl, Buhdaschmolz)*
3 EL süßer Rahm	*(Siaßa Schmäddn)*
3 EL Mehl	*(Mahl)*
1/4 Liter Wasser	*(Wossa)*

Das Fleisch waschen, trockentupfen und in Scheiben schneiden, mit Salz, Pfeffer und Paprika würzen und im Mehl wenden.
Das so vorbereitete Fleisch mit etwas Öl, den gelben Rüben und Zwiebeln in einem Topf scharf anbraten, danach mit Wasser aufgießen, so daß das Fleisch und das Gemüse bedeckt sind. Nun alles zusammen, bei zugedecktem Topf, ca. 1 1/2 Stunden bei

mittlerer Hitze köcheln lassen. Wenn das Fleisch weich ist, Meerrettich und Rahm in die Sauce einrühren und mit Salz und Pfeffer nochmals abschmecken.

*

Zum „*Greefleisch*" passen besonders gut „*Dotschn*", aber auch Salzkartoffeln oder Nudeln sowie Blaukraut.

Lamblbrodn *(Lammbraten)*

Zutaten für 4 Personen:

1 kg Lammfleisch	*(Lamblfleisch)*
5 Knoblauchzehen	*(Gnoflzähala)*
1 Zwiebel	*(Zwiefl)*
Salz, Pfeffer, Kümmel	*(Solz, Pfäffa, Kähm)*
1/2 Liter Wasser	*(Wossa)*
2 EL Mehl	*(Mahl)*

Fleisch mit Kümmel, Salz, Pfeffer und zerdrücktem Knoblauch einreiben, mit Wasser in eine Reine legen und bei ca. 200 Grad 1 1/2 bis 2 Stunden im Rohr braten. Den Braten immer wieder mit Flüssigkeit übergießen und von Zeit zu Zeit wenden.
Kurz vor Ende der Bratzeit etwas Bratensoße mit Mehl verrühren und in die Soße wieder einrühren, mit Salz und Pfeffer abschmecken.

*

Zum Lammbraten schmecken „*Dotschn*" , Salzkartoffeln oder auch „*Dreapflgnehl*" . Als Nachtisch bieten sich „*Bialagansch*" im Sommer und „*Driggade Zwäschbn*" im Winter an.

Andn-, Gockl-, Gansbrodn

(Enten-, Hähnchen-, Gänsebraten)

Zutaten für 4 Personen:

1 Geflügel, z. B. Hähnchen, Ente, Gans	*(Gockl, Andn, Gans)*
Salz, Pfeffer, Kümmel	*(Solz, Pfäffa, Kähm)*
1/4 Liter Wasser	*(Wossa)*

Bratfertiges Geflügel salzen, pfeffern und mit Kümmel würzen. Mit Wasser in einer Reine ca. 1 Stunde (Hähnchen) bzw. 2 bis 3 Stunden (Ente/Gans - je nach Größe) im Rohr braten. Geflügel häufig mit Wasser übergießen und von Zeit zu Zeit wenden. Am Schluß der Bratzeit die Soße mit Salz und Pfeffer abschmecken.
Bei Gans- und Entenbraten empfiehlt es sich für den heuten Gaumen, das Fett von der Soße abzuschöpfen, da sie ansonsten zu fett wird.

*

Zu Geflügel passen besonders gut *„Dreapflgnehl“* . Auch *„Dotschn“* eignet sich vorzüglich als Beilage. Natürlich darf bei Gans und Ente ein herzhaftes Blaukraut nicht fehlen!

*

Bei den Dörflern wurden die Soßen (auch nicht beim Gansbraten!) keineswegs entfettet, da derjenige Haushalt als der wohlhabendste galt, in dem die fettesten Braten auf den Tisch kamen. Hinzu kommt, daß fettreiche Kost als besonders nahrhaft und kräftigend galt, was man heute sicher nicht mehr aufrechterhalten kann.

Hirsch- und Rähbrodn (*Hirsch- und Rehbraten*)

Zutaten für 4 Personen:

1 kg Hirsch- oder Rehkeule	*(Hirsch-, Rähschlegl)*
200 g Räucherspeck	*(Schbeeg)*
Salz, Pfeffer, Paprika, Majoran	*(Solz, Pfäffa, Babrika, Majoran)*
1 Zitrone	*(Zitrona)*
3 Wacholderbeeren	*(Growieglbiala)*
1 Zwiebel	*(Zwiefl)*
1 Glas Rotwein	*(Roudwei)*
1 EL Himbeersaft	*(Biala)*

Ein schönes Stück aus einem einige Tage abgehangenen, aber nicht gebeizten Schlegel wird gehäutet, reichlich gespickt und mit einem Gemisch aus Salz, Pfeffer, Paprika, Majoran, geriebener Zitronenschale, gestoßenen Wacholderbeeren eingerieben. Man legt den Braten in ein tiefes Tongefäß und lässt ihn 1 - 2 Tage kühl lagern. Dann gibt man in eine große Pfanne den kleingewürfelten Speck und eine große, geviertelte Zwiebel sowie den Rotwein. Darin lässt man das Wildpret, zuerst zugedeckt ca. 20 Minuten, später offen ca. 60 Minuten lang schmoren, bis das Fleisch gar ist. Am Schluss die mit Fleischbrühe oder Wasser aufgegossene Soße mit Pfeffer und Salz abschmecken und durch Zugabe von einem Esslöffel Himbeersaft oder etwas Zucker abrunden. Nun gießt man die so verfeinerte Soße über den aufgeschnittenen Braten.

*

Als Beilage eignen sich am besten ein knusprig gebratener *„Dotschn“* sowie Blaukraut. Auch Bratäpfel können gereicht werden. Sie runden das Gericht ab. Als „Nachtisch“ empfiehlt sich ein kräftiger Schnaps!

*

Obwohl es später, als die Bukowina 1918 dem rumänischen Königreich zugeschlagen worden war, streng bestraft wurde, schlichen sich die meisten Dörfler, zum Teil aus Not, häufig aber auch aus Abenteuerlust, nachts in den das Dorf umgebenden Urwald, um den heimischen Speisezettel mit einem Wildpret zu erweitern.

Waldschweibrodn *(Wildschweinbraten)*

Zutaten für 4 Personen:

1 kg Wildschweinfleisch	*(Waldschweifleisch)*
200 g Räucherspeck	*(Schbeeg)*
Salz, Pfeffer, Paprika	*(Solz, Pfäffa, Babrika)*
3 Wacholderbeeren	*(Growieglbiala)*
2 Zwiebeln	*(Zwiefl)*
1/4 Liter Wasser	*(Wossa)*
1 Glas Rotwein	*(Roudwei)*
1(7 Liter saure Sahne	*(Sauana Schmäddn)*
1 TL Stärkemehl	*(Schdearke)*

Das einige Tage abgelagerte Fleisch mit Speck spicken oder umwickeln, mit Pfeffer, Salz und Paprika einreiben und zusammen mit Wacholderbeeren in einem tiefen Tongefäß 1 - 2 Tage kühl lagern. Danach Fleisch mit heißem Fett und Zwiebeln anbraten. Mit Wasser in einer Reine im Rohr (200 Grad) unter häufigem Begießen 1 1/2 bis 2 Stunden braten, wobei das Fleisch häufig begossen und gewendet wird.
Braten herausnehmen, die Soße mit saurer Sahne, etwas Stärkemehl und Rotwein glattrühren und mit Salz und Pfeffer abschmecken.

*

Zum Wildschweinbraten passen gut *„Dotschn“* , *„Dotschala“* oder *„Dreapflgnehl“* .
Als Salat bieten sich an: *„Roude Roana“* , *„Gseiade Riabala, Umurken und Scheula“* oder *„Solod mid siaßem Graud und Schbeeggramala“* .

*

Innerhalb der Siedler galt das Wildern keineswegs als ehrenrühriges Delikt. Ganz im Gegenteil! Sogar mein Großvater, der lange Jahre Bürgermeister von Buchenhain war, beteiligte sich ab und zu an diesen Jagdabenteuern, die, dementsprechend ausgeschmückt, in der abendlichen Runde am Kaminfeuer zum Besten gegeben wurden. Oftmals erzählte man sich dabei folgende, unglaubliche Geschichte:

Eine Wildsau, verfolgt von ihren Jägern, hatte sich in einer Höhle versteckt und war durch nichts zu bewegen, daraus hervorzukommen. Stunde um Stunde belagerten die Jäger die Wildsau *(„Waldschwei“),* aber ohne Erfolg. Die Wildsau ließ sich nicht blicken.
Da hatte der Beherzteste und Schlauste unter den Wilderern eine Idee. Er kroch in die Höhle hinein, eine Brotscheibe vor sich herhaltend und rufend: „Kommen Sie!“ - „Kommen Sie!“
Die ausgehungerte, gierige Wildsau, vom würzigen Brotduft angelockt, kam tatsächlich näher und wollte das Brot mit der Zunge erhaschen. In diesem Moment packte der tapfere Jäger die Zunge der Wildsau, wickelte sie um seine Hand und zerrte das sich sträubende Schwein aus der Höhle. Von da an folgte die Wildsau ihrem „Herrn“ auf Schritt und Tritt wie ein Hund.
So erzählten wenigstens die „tapferen“ Jäger am abendlichen Kaminfeuer in Buchenhain.

Brodne Frahln *(Gebratene Forelle)*

Zutaten für 4 Personen:

4 kleine Forellen	*(Frahln)*
2 EL Butter	*(Buhda)*
Salz, Pfeffer	*(Solz, Pfäffa)*
1/4 Liter saure Sahne	*(Sauana Schmäddn)*

Die küchenfertig vorbereitete Forelle in eine vorher gefettete Bratreine legen, salzen, pfeffern und mit saurem Rahm übergießen, bis die Fische bedeckt sind. Im auf 200 Grad vorgeheizten Rohr ca. 45 Minuten braten.

*

In Butter und Petersilie geschwenkte Kartoffeln passen besonders gut zu diesem Fischgericht.

*

Fischen war meist Aufgabe der Buben. Im Dorfbach oder noch einfacher im aufgestauten Mühlbach fingen die flinken Buben die reichlich vorhandenen Fische mit der Hand oder mit einem Netz. Mit einer Angel Fische zu fangen, war den Dörflern unbekannt.

Galuschde *(Krautwickel)*

Zutaten für 4 Personen:

250 g Langkornreis	*(Reis)*
250 g Zwiebeln	*(Zwiefl)*
250 g gemischtes Hackfleisch	*(Gmohlns Fleisch)*
250 g Geräuchertes; am besten geräuchertes Wammerl	*(Schbeeg)*
1 rote Paprikaschote	*(Roude Babrika)*
Salz, Pfeffer, Obst- oder Weinessig	*(Solz, Pfäffa, Esse)*
1 großer Krautkopf	*(Graudheipl)*
1 Liter Wasser	*(Wossa)*
150 g Sauerkraut	*(Gseiads Graud)*

Den Reis waschen, Zwiebeln, Paprikaschote und Geräuchertes in Würfel schneiden und mit Hackfleisch mischen. Kräftig salzen und pfeffern. Den Krautkopf mit kochendem Wasser überbrühen und vorsichtig die einzelnen Blätter ablösen. Jeweils einen gehäuften Eßlöffel Masse in ein Krautblatt wickeln und in einen großen Topf legen, dessen Boden vorher mit einer Schicht Sauerkraut bedeckt wurde. Wenn alle Krautwickel in den Topf geschichtet sind, wird er mit Wasser und 3 Eßlöffeln Essig aufgefüllt, so daß die Krautwickel mit Wasser bedeckt sind. Diese werden nun mit einem passenden Teller beschwert und zugedeckt bei mittlerer Hitze ca. 1 Stunde lang gekocht.

*

Zu *„Galuschde“* schmecken Schwarzbrot oder frische Semmeln. *„Galuschde“* können mehrmals aufgewärmt werden; aufgewärmt schmecken sie am besten!

*

„Galuschde“ waren in einer deutsch-böhmischen Küche fast ständig auf dem Herd und wurden auch als Zwischenmahlzeit gerne gegessen.
An Heilig Abend sowie an großen Festtagen gehörten *„Galuschde“* zur traditionellen Feier ganz selbstverständlich dazu. Einige Dörfler veranstalteten auch sogenannte „*Galuschde*-Partys“. Hierbei wurden bei Ziehharmonikamusik *(„Harmanie-musi“),* Gesang und Tanz *„Galuschde“* gegessen und viel Kümmel- oder Kornschnaps getrunken.

*

Die Buchenhainer Hausfrauen verwendeten zum Einwickeln der *„Galuschde“* Blätter von gesäuerten Krautköpfen . Damit schmecken *„Galuschde“* erst so richtig pikant. Leider bekommt man bei uns keine gesäuerten Krautköpfe, es sei denn, man bereitet sie sich selbst zu.

Grätzts *(Geröstetes)*

Zutaten für 4 Personen:

Bratenreste (z. B. vom Schweinebraten)	*(Fleischbreggln)*
Knödel-, Dotschen- oder Dotschalreste	*(Gnehl-, Dotschn-schdiggln)*
50 g Butter	*(Buhda)*
Salz, Pfeffer	*(Solz, Pfäffa)*

Fleisch-, Knödel- und/oder *„Dotschn-/Dotschalareste“* würfeln und mit Butter in einer Pfanne rösten, salzen und pfeffern.

*

Dazu passen gut *„Mammaligga“* oder geröstetes Brot *(„Grätzts Broud“),* das folgendermaßen zubereitet wird:

Grätzts Broud *(geröstetes Brot)*

Fett in Pfanne erhitzen und Brotscheiben darin, unter ständigem Wenden, so lange braten, bis sie knusprig braun werden.

Geröstetes Brot schmeckt auch hervorragend als Frühstücksbrot, vor allem, wenn das Brot nicht mehr ganz frisch ist. Es kann aber auch zu Rührei, Geröstetem und vielen anderen Gerichten gereicht werden oder einfach so gegessen werden.

Gseiads Graud mid gsalchdem Fleisch *(Sauerkraut mit Geräuchertem)*

Zutaten für 4 Personen:

1,5 kg Sauerkraut	*(Gseiads Graud)*
2 Kartoffeln	*(Dreapfl)*
Salz, Pfeffer, Kümmel	*(Solz, Pfäffa, Kähm)*
2 Lorbeerblätter	*(Growieglbiala)*
1,5 kg Schwarzgeräuchertes	*(Gsalchds Fleisch, Schbeeg)*

Das Kraut mit Pfeffer, Salz und Kümmel würzen und mit 2 Tassen Wasser sowie 2 Lorbeerblättern und dem Geräucherten ca. 90 Minuten bei mittlerer Hitze kochen. Nach ca. 1 Stunde Kochzeit zwei geriebene, rohe Kartoffeln in das Kraut unterrühren und 30 Minuten weiterköcheln.

*

Ganz hervorragend schmeckt zu diesem Gericht „*Mamalei*" mit Birnen . Auch Salzkartoffeln, Kartoffelbrei oder „*Dreapflnuhln*" schmecken dazu ausgezeichnet.

*

Eine beliebte Redeweise bei den Deutsch-Böhmen, mit der man insbesondere die Buben zum kräftigen Zulangen animieren wollte, lautete: „Kraut im Acker macht den Mann wacker!"

Schbeeggramala *(Gebratene Speckwürfel)*

Zutaten für 4 Personen:

300 g geräuchertes Wammerl	*(Schbeeg)*
1 EL Fett	*(Schmolz)*

Wammerl würfeln und mit Fett langsam, unter häufigem Wenden, knusprig braun braten.

*

„Schbeeggramala“ schmecken besonders gut und deftig zu *„Mamaligga“* . Eine urwüchsige, fast mittelalterliche Art zu essen ist es, ein Stück *„Mamaligga“* in die Hand zu nehmen und in die *„Schbeeggramala“* einzutunken.
Dazu wird frisch bereiteter Joghurt gelöffelt. Falls vorhanden, *sind „Gseiade Riabala, Umurken und Scheula“* eine deftige und äußerst delikate Ergänzung dazu (siehe *„Eua-schmolz“*.

*

„Schbeeggramala, Mamaligga, gschdegglde Miehl und Gseiade Umurken“ galten bei den Dörflern durchaus als vollständige Abendmahlzeit, an der sich viele hungrige Mäuler ohne großen Aufwand sättigen konnten.

Sossen und Tunken

Gnoflwoika *(Knoblauchtunke)*

Zutaten für 4 Personen:

4 Knoblauchzehen	*(Gnoflzähala)*
4 EL süßer Rahm	*(Siaßa Schmäddn)*
Pfeffer, Salz	*(Pfäffa, Solz)*

Die Knoblauchzehen schälen und mit der Knoblauchpresse auspressen oder mit Mörser zerstampfen. Mit süßem Rahm zu einer breiartigen Soße verrühren; mit Pfeffer und Salz abschmecken.

*

„Gnoflwoika" paßt als Tunke zu jeder Art von Fleisch. Besonders köstlich ist es, sie mit *„Mamaligga"* auszutunken.

Greewoika *(Meerrettichtunke)*

(Die Mengen richten sich nach Bedarf!)

frische Meerrettichwurzel	*(Greewurzn)*
Salz, Pfeffer	*(Solz, Pfäffa)*
süßer Rahm	*(Siaßa Schmäddn)*

Die Meerrettichwurzel schälen und mit Reibeisen feinreiben. Salzen, pfeffern und mit einem Schuß süßem Rahm (je nach Geschmack) verrühren.

*

„Greewoika" schmeckt besonders gut zu Rindfleisch. Auch als Tunke mit *„Mamaligga"* sehr pikant!

Rouda-Ruam-Gree *(Meerrettich mit roten Rüben)*

(Die Mengen richten sich nach dem jeweiligen Bedarf!)

1 frische Meerrettichwurzel	*(Greewurzn)*
3 Rote Rüben	*(Roude Ruam)*
Essig, Salz, Zucker	*(Esse, Solz, Zugga)*

Rote Rüben weichkochen, schälen und mit einem Reibeisen feinreiben. Meerrettichwurzel schälen, feinreiben und mit den roten Rüben verrühren. Das Verhältnis von Meerrettich und roten Rüben orientiert sich am persönlichen Geschmack. Zwischendurch probieren!

*

„Rouda-Ruam-Gree“ schmeckt besonders gut zu jeder Art von Braten, aber auch zu gekochtem Rindfleisch und zu Würsten.

Mehlspeisen

Bieroge *(Gefüllte Teigtaschen)*

Zutaten für 4 Personen:

- *Zutaten für den Teig*

400 g Weizenmehl	*(Woiznmahl)*
2 Eier	*(Eua)*
1 1/2 Tassen Milch	*(Miehl)*
1 Prise Salz	*(Solz)*

- *Zutaten für die Fülle mit Quark*

400 g Quark	*(Dopfn)*
3 EL Zucker	*(Zugga)*
1 TL Zimt	*(Ziemad)*
1 Ei	*(Oa)*
2 EL süßer Rahm	*(Siaßa Schmäddn)*

o d e r

- *Zutaten für Fülle mit Fleisch*

300 g Hackfleisch, gemischt	*(Gmohlns Fleisch)*
1 Semmel	*(Sähml)*
1 Ei	*(Oa)*
1 Prise Salz, Pfeffer, Paprika	*(Solz, Pfäffa, Babrika)*

o d e r

- *Zwetschgenmarmelade als Fülle* *(Zwäschbnmarmalad)*

Weizenmehl mit Eiern und Milch zu einem festen Teig verrühren. Den gekneteten Teig zu einem großen, dünnen Teigblatt auswalzen (Arbeitsgerät und Arbeitsfläche vorher mit Mehl bestäuben!), 10 x 10 cm große Vierecke ausschneiden.
Je nach Geschmack das viereckige Teigblatt mit Quark-, Fleischfüllung oder Zwetschgenmarmelade füllen und zu einem Dreieck zuklappen. Die Ränder der dadurch entstandenen, dreieckigen Teigtasche mit den mit Wasser benetzten Fingern sorgfältig schließen. Die so verschlossenen Teigtaschen vorsichtig (Achtung: Gefahr, daß sich die Teigtaschen öffnen!) in genügend sprudelndes Salzwasser legen und so lange kochen, bis sie an der Wasseroberfläche schwimmen (ca. 20 Minuten).

Die mit Marmelade oder Quark gefüllten Teigtaschen vor dem Servieren mit in Butter gerösteten Semmelbröseln, Zucker und Zimt bestreuen. Vorzüglich passen dazu eingemachtes Obst (z. B. Zwetschgen, Birnen) und/oder frische Milch.

Die mit Hackfleisch gefüllten *„Bieroge"* vor dem Servieren pfeffern und salzen und mit goldgelb gebratenen Zwiebelringen garnieren. Grünen Salat oder Gurkensalat dazu reichen!

*

In beiden Fällen, mit Quark, Marmelade oder Fleisch, handelt es sich um eine schmackhafte und sättigende Hauptmahlzeit, die zwar sehr viel Zeit und Mühe erfordert, aber sehr preisgünstig ist und von Kindern besonders gerne gemocht wird.

Blatschinke

(Gefüllte und überbackene Pfannkuchen aus Hefeteig)

Zutaten für 4 Personen:

- *für den Teig*

400 g Mehl	*(Mahl)*
1/2 Päckchen Hefe	*(Gearm)*
Zucker, Salz	*(Zugga, Solz)*
Milch (nach Bedarf)	*(Miehl)*
3 EL Fett	*(Schmolz)*
1/4 Liter saure Sahne	*(Sauana Schmäddn)*
1/4 Liter süße Sahne	*(Siaßa Schmäddn)*

- *für Füllung*

300 g Quark	*(Dopfn)*
3 EL Zucker	*(Zugga)*
1 TL Zimt	*(Ziemad)*
1 Ei	*(Oa)*
2 EL süße Sahne	*(Siaßa Schmäddn)*

- *zusätzlich*

1 Becher süße Sahne	*(Siaßa Schmäddn)*
1 Becher saure Sahne	*(Sauana Schmäddn)*

In das Mehl die Hefe einbröseln, salzen und mit Milch verrühren, bis ein dickflüssiger Teig (wie Pfannkuchenteig) entsteht. Ca. 30 Minuten lang an einem warmen Ort stehen lassen, bis der Teig aufgeht. Danach in einer Pfanne mit etwas Fett dünne „Pfannkuchen“ backen. Inzwischen aus Quark, Zucker, Zimt, Ei und süßer Sahne eine Mischung herstellen und damit die „Pfannkuchen“ füllen und aufrollen. Die aufgerollten „Pfannkuchen“ in eine gefettete Reine schichten und mit süßer und saurer Sahne übergießen, bis die „Pfannkuchen“ bedeckt sind. Im Backofen (220 Grad) ca. 30 Minuten braten.

*

Dazu wird frische Milch getrunken. Besonders Kinder lieben es, wenn die „*Blatschinke*“ reichlich mit Zucker und Zimt bestreut werden.

Liewanze *(Pfannkuchen aus Hefeteig)*

Zutaten für 4 Personen:

400 g Mehl	*(Mahl)*
1/2 Päckchen Hefe	*(Gearm)*
Zucker, Salz, Zimt	*(Zugga, Solz, Ziemad)*
Milch (nach Bedarf)	*(Miehl)*
3 EL Fett	*(Schmolz)*
3 EL Butter	*(Buhda)*

In das Mehl die Hefe einbröseln, salzen und mit so viel Mehl verrühren, daß ein dickflüssiger Teig entsteht. Ca. 30 Minuten an einem warmen Ort stehen lassen, bis der Teig aufgeht. Fett in einer Pfanne erhitzen, den Teig mit einem Löffel abschöpfen und in die Pfanne gießen und handtellergroße Scheiben goldgelb braten.
Die gebratenen *„Liewanze"* mit ausgelassener Butter übergießen, zuckern und mit Zimt bestreuen.

*

Als Getränk eignet sich zu *„Liewanze"* besonders gut frische Milch. Auch eingemachtes Obst macht die *„Liewanze"* zu einer köstlichen Mahlzeit und zu einer interessanten Alternative zu Fleischspeisen. Kinder lieben diese Mehlspeise!

Gaschal *(Gries- oder Reisbrei)*

Zutaten für 4 Personen:

1 Liter Milch	*(Miehl)*
1 1/2 Tassen Gries oder Reis	*(Grias, Reis)*
1 Prise Salz	*(Solz)*
1 TL Zimt	*(Ziemad)*
1 EL Zucker	*(Zugga)*
1 EL Butter	*(Buhda)*

In der zum Kochen gebrachten Milch den Gries einrühren bzw. den Reis dazugeben, mit 1 Prise Salz würzen und unter ständigem Rühren ca. 15 bis 20 Minuten köcheln (Vorsicht: Kann leicht überkochen!), bis die Einlage weich ist.
Den gekochten Brei („*Gaschal*“) mit ausgelassener Butter übergießen und mit Zucker und Zimt bestreuen.

*

Das süße „*Gaschal*“ war bei den Buchenhainer Kleinkindern eine Art „Aletekost-Ersatz“, aber auch bei den meist zahnlosen Alten sehr beliebt, da das Kauen bei der weichen Breimasse keine Schwierigkeiten bereitet. Auch Kranken, die auf dem Weg zur Genesung waren, wurde gerne ein „*Gaschal*“ gereicht.

Zwäschbngnehl *(Zwetschgenknödel)*

Zutaten für 4 Personen:

10 mittelgroße Kartoffeln	*(Dreapfl)*
Mehl (nach Bedarf)	*(Mahl)*
1 Ei	*(Oa)*
Salz, Zucker (je nach Geschmack)	*(Solz, Zugga)*
16 Zwetschgen	*(Zwäschbn)*
Zimt	*(Ziemad)*

Die Kartoffeln kochen, schälen und mit dem Reibeisen reiben oder mit einer Presse zerdrücken. Mit etwas Mehl, Salz und 1 Ei zu einem festen Teig verarbeiten. Den Teig jeweils um eine Zwetschge zu einer Kugel/einem Knödel formen und im sprudelnden Wasser ca. 20 Minuten kochen. Die Knödel abtropfen lassen und in einem Gemisch aus Zucker und Zimt wälzen. Anstelle von Zwetschen können auch, je nach Jahreszeit, Kirschen oder Mirabellen als Einlage verwendet werden.

*

Frische Milch schmeckt zu „*Zwäschbngnehl*“ herrlich!

Epflschbaldln *(Apfelküchlein)*

Zutaten für 4 Personen:

4 Äpfel	*(Epfl)*
3 Eier	*(Eua)*
1/2 Liter Milch	*(Miehl)*
1 Prise Salz	*(Solz)*
7 EL Mehl	*(Mahl)*
1 EL Zimt	*(Ziemad)*
2 EL Zucker	*(Zugga)*
250 g Fett	*(Schmolz)*

Die Äpfel schälen, entkernen und in Ringe schneiden. Salz, Eier, Mehl und Milch mit dem Schneebesen zu einem dickflüssigen Teig verrühren, die Apfelringe darin wenden und im schwimmenden Fett goldbraun ausbacken.

*

Die fertigen „*Epflschbaldln*" mit Zucker und Zimt bestreuen und heiß mit frischer Milch servieren.

*

„*Epflschbaldln*" galten als reizvolle Nachspeise zu einem üppigen Festtagsmahl. Sie können aber durchaus, insbesondere für Kinder, eine eigenständige Mahlzeit darstellen.

Gschniedne Nuhl mid Schbeeggramala

(Bandnudeln mit gebratenem Speck)

400 g Breitbandnudeln	*(Gschniedne Nuhln)*
250 g Geräuchertes	*(Schbeeg)*
2 Eier	*(Eua)*
Pfeffer, Salz	*(Pfäffa, Solz)*

Geräuchertes in kleine Würfel schneiden und in der Pfanne langsam knusprig braun werden lassen. Die Breitbandnudeln in reichlich Salzwasser bißfest kochen, abtropfen lassen und mit den gebratenen Speckwürfeln gut vermischen. Pfeffern und salzen. Wer es noch kräftiger mag, kann die mit Speck vermischten Nudeln mit 1 bis 2 Eiern nochmals in der Pfanne verrühren.

*

Zu diesem Gericht werden Joghurt oder Buttermilch gereicht. Auch „*Umurkensalat*“ , „*Greana Solod*“ , bzw. als besondere Delikatesse „*Gseiade Umurken*“ schmecken dazu vorzüglich.

*

Selbstverständlich wurden zu Urgroßmutters Zeiten die „*Gschniednen Nuhln*“ selbst angefertigt; schon auch deshalb, weil es sie in keinem Laden zu kaufen gab und sie frisch ungemein gut schmecken!

Milch- und Eierspeisen

Euaschmolz mid Schbeeggramala

(Rührei mit Speck)

Zutaten für 4 Personen:

8 Eier	*(Eua)*
1 EL Fett	*(Schmolz)*
1 Prise Salz, Pfeffer	*(Solz, Pfäffa)*
200 g Geräuchertes	*(Schbeeg)*

Fett in einer Pfanne auslassen, Eier und gewürfeltes Geräuchertes dazugeben und verrühren, bis die Masse stockig ist. Salzen und pfeffern.

*

Eine ganz besondere Delikatesse dazu sind *„Mamaligga“* und *„Gseiade Umurken, Riabln und Scheula“* . Wenn diese nicht zur Verfügung stehen, schmeckt auch eine würzige Scheibe Schwarzbrot dazu.
Man kann das Geräucherte auch gesondert zu knusprigen Speckwürfeln ausbraten. Will man im Stil eines mittelalterlichen Gelages speisen, so nimmt man ein Stück *„Mamaligga“* in die Hand und tunkt damit in die *„Schbeeggramala“*. Ein kräftiger Schluck Schnaps am Schluß vollendet den Genuß!

Dieses Gericht eignet sich hervorragend als Abendessen oder als Zwischenmahlzeit bzw. bei überraschendem Besuch.

Gschdegglde Miehl (Joghurt)

Beliebige Menge Milch wird einige Tage (am besten in einem Steintopf) an einem kühlen Ort (z. B. Speisekammer, Keller) aufbewahrt, bis sich der Rahm an der Oberfläche ansammelt. Danach ein bis zwei Tage in einem warmen Ort (z. B. Küche) aufstellen, bis eine Art Joghurt entstanden ist. Rahm abschöpfen und getrennt verwenden (Magerjoghurt) oder mit Milch verrühren.

*

Die Dörfler gewannen so saure Sahne bzw. schöpften, bevor der Rahm sauer wurde, die Oberfläche der Milch ab und verarbeiteten sie zu Butter. *„Gschdegglde Miehl“* schmeckt ausgezeichnet mit *„Mamaligga“* und Käse. Hierzu wird in eine kleine Vertiefung des Mamaligga etwas Frischkäse gelegt, der im heißen *„Mamaligga“* schmilzt.

*

Für die Kinder und Jugendlichen war es ein Vergnügen, den angesammelten Rahm heimlich abzuschöpfen und mit Brot zu verspeisen. Besonders gern taten dies von Saufgelagen heimkehrende Burschen, um ihren „Brand“ zu stillen und die Alkoholfahne zu mildern.

Schdearz *(Kaiserschmarrn)*

Zutaten für 4 Personen:

140 g Mehl	*(Mahl)*
1/4 Liter Milch	*(Miehl)*
2 Eidotter	*(Euadoddala)*
1 Prise Salz	*(Solz)*
40 g Puderzucker	*(Buhdazugga)*
1 Messerspitze Backpulver	*(Baggbuhlfa)*
2 Eiweiß	*(Eiweis)*
40 g Rosinen	*(Rosienen)*
70 g Butter	*(Buhda)*

Mehl in Milch langsam einrühren und mit 2 Eidotter und etwas Salz glattrühren. Puderzucker, Backpulver und Rosinen mit festem Schnee von 2 Eiweiß daruntersrühren. In einer Kasserolle läßt man die Butter heiß werden, gießt den Teig hinein und läßt ihn im Backrohr goldgelb backen. Danach den Schmarrn mit 2 Gabeln in größere Stückchen teilen und mit Zucker oder Puderzucker bestreuen.

*

Mit eingemachtem Obst und einem Glas frischer Milch ist der Schmarrn eine, besonders bei Kindern, beliebte Köstlichkeit!

Beilagen

Mamaliggq *(Polenta)*

Zutaten für 4 Personen:

1/2 Liter Wasser	*(Wossa)*
1 Kaffeetasse Maisgries	*(Guggrutzg-rias)*
2 EL Weizenmehl	*(Woiznmahl)*
Salz	*(Solz)*

Mais- und Weizengries in das kochende Wasser einrühren und salzen. Unter beständigem Rühren ca. 1/4 Stunde köcheln lassen (Vorsicht: Brennt sehr schnell an!)

*

Paßt zu vielen Gerichten als Beilage (z. B. zu allen Fleischspeisen, zu *„Bialagansch“*, aber auch zu *„Euaschmolz“).*

*

„Mammaligga“ ist ein Grundnahrungsmittel, das vor allem an Werktagen zu fast allen Speisen als Beilage gegessen wurde. Eine besonders köstliche und urwüchsige Art ist es, *„Mamaligga“ mit „Gnoflwoika“*, *„Schbeeggramala“*, und *„Euaschmolz“*, zu essen.
Man nimmt ein Stück *„Mamaligga“* in die Hand und tunkt damit abwechselnd in die Knoblauchsoße und in die ausgelassenen Speckwürfeln ein. *„Gschdegglde Miehl“* dazu zu löffeln, ist eine besonders erfrischende Köstlichkeit.
Hat man noch *„Gseiade Umurken, Riabala oder Scheula“*, vorrätig, so ist das mittelalterliche „Gelage“ perfekt! Ein kräftiger Schluck Schnaps am Schluß vollendet den Genuß!
Mit Sicherheit handelt es sich beim *„Mamaligga“* um eine Anleihe aus der rumänischen Küche.

Dotschala (Kartoffelpuffer)
Dotschn (Kartoffelkuchen)

Zutaten für 4 Personen:

10 mittelgroße Kartoffeln	*(Dreapfln)*
4 EL Mehl	*(Mahl)*
2 Eier	*(Eua)*
6 EL süßer Rahm	*(Siaßa Schmäddn)*
1 Prise Salz und Pfeffer	*(Solz und Pfäffa)*
4 EL Fett/Butter	*(Schmolz/Buhda)*

Die rohen Kartoffeln reiben (Wasser nicht wegschütten!), mit Mehl, Eiern sowie süßem Rahm zu einem geschmeidigen Teig verrühren, mit Salz und Pfeffer würzen.
Die *„Dotschala"* werden mit etwas Butter (bzw. sonstigem Fett) in einer Pfanne in kleinen Portionen (jeweils 1 Löffel Teigmasse) gebraten, bis sie knusprig braun sind. Häufig wenden, damit sie nicht anbrennen!
Der *„Dotschn"* wird wie ein Auflauf in einer Bratreine, die vorher reichlich gefettet wird, dünn (ca. 1,5 cm dick) verteilt und im Rohr bei einer Temperatur von 250 Grad ca. 30 Minuten lang gebacken, bis eine schöne braune Kruste an den Rändern des *„Dotschens"* sich bildet. *„Dotschn"* in Stücke schneiden und auf einer Platte heiß servieren.

*

„Dotschala" und *„Dotschn"* passen zu jeder Art von gebratenem Fleisch mit Soße. Sie können aber auch zu Apfelmus oder ausgelassenem Speck *(„Schbeeggramala")* gegessen werden. Für sehr fette Speisen eignet sich eher der *„Dotschn"*. Aber es ist letztlich Geschmacksache!

Mamalei *(Maisgriesschnitten)*

Zutaten für 4 Personen:

1 Tasse Maisgries	*(Guggrutzgrias)*
1/2 Tasse Gries aus Hartweizen	*(Woiznmahl)*
2 TL Backpulver	*(Baggbulfa)*
1/2 Päckchen Vanillezucker	*(Waniehle)*
2 TL Zucker	*(Zugga)*
1 Ei	*(Oa)*
1 Becher (200 g) süßer Rahm	*(Siaßa Schmäddn)*
1 Becher (200 g) Buttermilch	*(Buhdamiehl)*

Alle Zutaten mischen und zu einem gut flüssigen Brei verrühren. Eine Bratreine gut fetten (mit Butter oder Margarine) und mit der Breimasse daumendick auffüllen. Im auf 200 Grad vorgeheizten Backrohr ca. 20 Minuten backen, bis sich die Oberfläche des Mamalei goldbraun färbt. Der fertige Mamalei wird in Stücke geschnitten und auf einer Platte angerichtet heiß serviert.

*

„*Mamalei*“ ohne Obst ist eine Delikatesse mit „*Gseiadn Graud mid gsalchdem Fleisch*“ .

„*Mamalei*“ kann aber auch als besonders köstliche Süßspeise zubereitet werden! Es werden dann dem Teig gewürfelte Äpfel, Birnen oder Zwetschgen hinzugefügt und mitgebacken. Mit Birnenobst paßt er ausgezeichnet zum „*Boarschd*“ oder auch zur „*Gemiesesubbn*“ . „*Mamalei*“ mit Obst und einem Glas frischer Milch schmecken himmlisch!

*

Der „*Mamalei*“ wurde vermutlich aus der rumänischen Küche übernommen. Die preiswerte und sehr einfache Herstellung trug vermutlich zu der großen Beliebtheit und Verbreitung des „*Mamalei*“ bei, zumal man damit viele „hungrige Mäuler“ auf sehr einfache, aber sehr schmackhafte Art und Weise stopfen konnte.

Dreapflgnehl *(Kartoffelknödel)*

Zutaten für 4 Personen:

6 mittelgroße, rohe Kartoffeln	*(Dreapfl)*
3 mittelgroße, gekochte Kartoffeln	*(Kochde Dreapfl)*
Salz	*(Solz)*
3 EL Mehl	*(Mahl)*

Rohe Kartoffeln schälen, reiben und in einer Presse auspressen, so daß kein Wasser mehr in der Masse bleibt. Die gekochten, erkalteten und ebenfalls geriebenen Kartoffeln mit den rohen Kartoffeln und Mehl sowie etwas Salz zu einem sehr festen Teig verarbeiten (ausgiebig kneten!). Die daraus geformten Knödel im Mehl wenden und im kochenden Wasser ca. 20 Minuten (je nach Größe) kochen.

*

Kartoffelknödel passen gut zum „*Brodna Fleisch*" sowie zu Enten- und Gansbraten .

*

Semmelknödel waren bei den Dörflern unbekannt, weil es keine Bäckerei und damit auch keine Semmeln gab. Am häufigsten wurde aber zum meist recht fettigen Braten „*Dotschen*" gereicht, da dieser die Soße sehr gut aufnimmt.

Dreapflnuhln *(Kartoffelkroketten)*

Zutaten für 4 Personen:

10 mittelgroße Kartoffeln	*(Dreapfl)*
Mehl (Menge ausprobieren!)	*(Mahl)*
1 Ei	*(Oa)*
1 Prise Salz	*(Solz)*
2 EL Butter	*(Buhda)*

Die Kartoffeln kochen, schälen und mit einem Reibeisen reiben oder mit der Presse zerdrücken. Mit etwas Mehl (Menge ausprobieren!), Salz und dem Ei die Kartoffelmasse zu einem festen, aber noch formbaren Teig verrühren.
Aus dem Teig fingerdicke Nudeln formen und in eine gut vorgefettete Reine legen. Mit einigen Butterflocken belegt, die Nudeln so lange im Rohr (200 bis 240 Grad) backen, bis sie eine schöne goldbraune Kruste bekommen.
Damit sie auch von allen Seiten braun werden, die Nudeln zwischendurch mehrmals wenden!

*

„*Dreapflnuhln*" schmecken gut als Beilage zu allen Fleischgerichten. Sie sind die deutsch-böhmische Variante der Krokette.

Salate

Solod mid gseiadn Graud *(Sauerkrautsalat)*

Zutaten für 4 Personen:

400 g Sauerkraut	*(Gseiads Graud)*
1 große Zwiebel	*(Zwiefl)*
1 Prise Pfeffer	*(Pfäffa)*
1/2 Becher süße Sahne	*(Siaßa Schmäddn)*
1 säuerlicher Apfel	*(Epfl)*

Sauerkraut mit einer Gabel zerpflücken und Apfel würfeln. Mit fein gehackter Zwiebel, Pfeffer und süßer Sahne vermischen.
Kalt serviert, schmeckt dieser Salat besonders pikant und knackig!

*

Dieser Salat schmeckt besonders gut zu jeder Art von Braten, aber auch besonders fein zu gerösteter Blut- und Leberwurst .
Im Winter stellt er einen sehr bekömmlichen und vor allem vitaminreichen Ersatz für frischen Salat dar, der heute ja doch meist aus dem Treibhaus kommt.

Solod mid siassem Graud und Schbeeggramala

(Krautsalat mit gebratenen Speckwürfeln)

Zutaten für 4 Personen:

1/2 mittelgroßen Krautkopf	*(Siaß Graudheipl)*
Salz, Pfeffer	*(Solz, Pfäffa)*
1 Zwiebel	*(Zwiefl)*
Essig, Öl	*(Esse, Ähl)*
150 g Geräuchertes	*(Gsalchda Schbeeg)*

Kraut und Zwiebel würfeln, salzen, pfeffern und mit Öl und Essig anmachen. Eine besondere Delikatesse ist es, den Krautsalat mit ausgelassenem Räucherspeck zu überbrühen und zu vermischen.

*

Krautsalat eignet sich als Salat besonders zu Braten aller Art. Im Winter eine preisgünstige und gesunde Alternative zu frischem Salat aus dem Treibhaus.

Umurken- und Domadnsolod

(Gurken- und Tomatensalat)

Zutaten für 4 Personen:

1 Salatgurke	*(Umurken)*
3 Tomaten	*(Domadn)*
Essig, Öl, Pfeffer, Salz	*(Esse, Ähl, Pfäffa, Solz)*
2 EL Joghurt	*(Gschdegglde Miehl)*
1 Zwiebel	*(Zwiefl)*

Salatgurke schälen, in dünne Scheiben schneiden, pfeffern und salzen und mit Joghurt sowie der fein gewürfelten Zwiebel vermischen. Geviertelte Tomaten beigeben, mit Essig und Öl abschmecken. Selbstverständlich können Gurken und Tomaten auch getrennt zubereitet werden.

*

Paßt zu jeder Art von Gebratenem.

Greana Solod *(Grüner Kopfsalat)*

Zutaten für 4 Personen:

1 Salatkopf	*(Koobfsolod)*
1/2 Zehe Knoblauch	*(Gnoflzähala)*
2 EL Joghurt	*(Gschdegglde Miehl)*
Essig, Öl, Salz, Pfeffer	*(Esse, Solz, Pfäffa, Ähl)*
1/2 Zwiebel	*(Zwiefl)*

Salat waschen, salzen, pfeffern und mit Essig, zerdrücktem Knoblauch sowie Öl und Joghurt vermischen.

*

Paßt zu gebratenem Fleisch, aber auch z. B. zu „*Euaschmolz*" .

Radesolod *(Rettichsalat)*

Zutaten für 4 Personen:

2 Rettiche	*(Rade)*
3 EL süße Sahne	*(Siaßa Schmäddn)*
Salz, Pfeffer, Öl, Essig	*(Solz, Pfäffa, Ähl, Esse)*

Rettich fein reiben oder in dünne Scheiben schneiden, 1/2 Stunde ruhen lassen, dann salzen, pfeffern, mit Öl, Essig und süßer Sahne vermischen und kühl servieren.

*

Ein Wintersalat, der sehr gesund ist und zu jeder Art von Braten paßt.

Roude-Raana-Solod *(Rote Rübensalat)*

Zutaten für 4 Personen:

3 rote Rüben	*(Roude Raana)*
1 Zwiebel	*(Zwiefl)*
1 TL Kümmel	*(Kähm)*
Salz, Pfeffer, Essig, Öl	*(Solz, Pfäffa, Esse, Ähl)*

Rote Rüben kochen, bis sie weich sind, dann erkalten lassen. Danach in dünne Scheiben schneiden, salzen, pfeffern, mit Öl, Essig und fein gewürfelter Zwiebel vermischen. Evtl. mit Kümmel überstreuen.

*

Paßt zu jeder Art von Braten und enthält die vor allem im Winter wichtigen Vitamine.

Gseiade Riabala, Umurken und Scheula

(Gesäuerte Mohrrüben, Gurken und Bohnen)

Rezept, S.

*

Paßt zu jedem Braten!
Mit „*Euaschmolz*“ , „*Schbeeggramala*“ und „*Mamaligga*“ ein köstliches und zugleich uriges Mahl.

Baada Zwiefl *(Gedünstete Zwiebel)*

Zutaten für 4 Personen:

8 große Zwiebeln	*(Zwiefln)*
2 Tassen Wasser	*(Wossa)*
1Prise Salz, Pfeffer, Öl und Essig	*(Solz, Pfäffa, Ähl, Esse)*

Zwiebeln schälen, in Ringe schneiden und mit Wasser zum Kochen bringen (nur einmal aufkochen!). Zwiebeln so lange bei kleiner Flamme köcheln lassen, bis sie weich sind. Dann pfeffern und salzen und mit Essig und Öl abschmecken.

Vorsicht: Zwiebeln nicht anbrennen oder braun werden lassen! Eventuell etwas Wasser nachgießen!

*

„Baada Zwiefl“ schmeckt einerseits gut als „Winter-Salatersatz“ zu jeder Art von Braten. Er stellt aber auch mit *„Mamaligga“*, einem weichen Ei oder mit Rührei und Milch eine vollständige Mahlzeit (z. B. Abendessen an Werktagen) dar. Es bleibt dem individuellen Geschmack überlassen, ob man die Zwiebeln warm oder kalt serviert.

Gemüsespeisen

Grätzda Blumenkohl

(Blumenkohl mit gerösteten Semmelbröseln)

Zutaten für 4 Personen:

1 großer Blumenkohl	*(Bluhmenkohl)*
5 EL Semmelbrösel	*(Sähmlbresl)*
2 EL Fett	*(Schmolz)*
Pfeffer, Salz	*(Pfäffa, Solz)*
1 Liter Wasser	*(Wossa)*

Blumenkohl vom Strunk entfernen und in einzelne Rosen zerteilen, in 1 Liter Salzwasser weichkochen. Blumenkohlrosen in Sieb abtropfen lassen und in braun gerösteten Semmelbröseln wälzen, salzen und pfeffern.

Mit Salzkartoffeln servieren.

Umurkengemiese (*Gurkengemüse*)

Zutaten für 4 Personen:

1 kg Gurken	*(Umurken)*
250 g Zwiebeln	*(Zwiefln)*
500 g Tomaten	*(Domadn)*
2 grüne Paprikaschoten	*(Babrika)*
1 Bund Petersilie	*(Bähdasahl)*
1 Bund Bohnenkraut	*(Scheulagraud)*
1 kleiner Becher Sauerrahm	*(Sauana Schmäddn)*
200 g Geräuchertes	*(Schbeeg)*
1 Prise Salz	*(Solz)*

1 kg Gurken schälen, vom Samen befreien, dünn schneiden, salzen und in feingeschnittener, hell angerösteter Zwiebel dünsten (oft umrühren!). Hierauf gibt man 1/2 kg geschälte, in Scheiben geschnittene Tomaten, die fein geschnittenen Paprikaschoten, die gehackte Petersilie sowie etwas Bohnenkraut dazu und dünstet alles weich. Zum Schluß werden das gewürfelte Geräucherte sowie die saure Sahne hinzugefügt. Kurz aufkochen und heiß servieren. Mit etwas scharfem Paprika wird das Gericht richtig feurig!

*

Als Beilagen eignen sich Salzkartoffeln oder „*Mamaligga*“. Aber auch eine Scheibe Schwarzbrot schmeckt dazu köstlich.

Kohlrawi-Gemiese (*Kohlrabigemüse*)

Zutaten für 4 Personen:

4 Stück Kohlrabi	*(Kohlrawi)*
10 g Zucker	*(Zugga)*
40 g Butter	*(Buhda)*
Salz, Pfeffer, Majoran	*(Solz, Pfäffa, Majoran)*
1/8 Liter Bouillon	*(Fleischsubbn)*
1 Bund Petersilie	*(Bähdasahl)*
4 EL saure Sahne	*(Sauana Schmäddn)*

Zucker in erhitzter Butter schmelzen, mit Wasser ablöschen, die gewürfelten Kohlrabi dazugeben. Etwas Bouillon untergießen und weich dünsten bei mittlerer Hitze. Am Schluß ca. 10 Minuten lang die gehackte Petersilie mitdünsten. Mit Salz, Pfeffer und Majoran würzen und mit Sauerrahm abschmecken.

*

Zu diesem Gemüse schmecken sehr gut Salzkartoffeln!

Wurst- und Fleisch-spezialitäten

Bluad- und Lewawierschd

(Blut- und Leberwürste)

Zutaten für 4 Personen:

1 kg Innereien vom Schwein (Leber, Niere)	*(Ingreisch)*
(1 Liter Saublut für Blutwurst)	*(Schweibluad)*
3 Zwiebeln	*(Zwiefln)*
5 Knoblauchzehen	*(Gnoflzähala)*
Piment, Salz, Pfeffer	*(Pimed, Solz, Pfäffa)*
300 g Reis	*(Reis)*

I. **Blutwurst**
Innereien säubern, waschen und in Salzwasser garkochen (ca. 1 Std.). Die abgekühlten Innereien in kleinere Stücke zerschneiden und zusammen mit Zwiebeln und Knoblauch durch den Fleischwolf drehen. Den Brei mit reichlich Salz, Pfeffer und einer Prise Piment würzen, mit dem Blut sowie dem gekochten Reis verrühren und in einer Pfanne so lange unter häufigem Umrühren braten, bis das Blut eine dunkle Färbung angenommen hat.

II. **Leberwurst**
Die Leberwurst wird grundsätzlich wie die Blutwurst zubereitet. Allerdings wird in die zermahlene Leber- und Nierenmasse nicht Blut, sondern das Wasser, in dem die Innereien weichgekocht wurden, beigegeben. Die durch Verrühren entstehende Leberwurstmasse kann wie bei der Blutwurst entweder sofort geröstet und verzehrt oder in Därme gefüllt und gekocht werden.

*

Mit Salzkartoffeln und *„baadem Zwiefl"* serviert ist diese Mahlzeit eine besonders deftige Köstlichkeit, insbesondere an kalten Wintertagen. Frisches Sauerkraut paßt gut dazu!

*

Die Zubereitung der Blutwurst war bei den Dörflern ein fester Bestandteil des alljährlichen Schlachtfestes. Im Winter, meist vor Weihnachten, wurde traditionsgemäß ein Schwein geschlachtet. Selbstverständlich gehörte es dabei dazu, neben anderen Wurstarten, auch Blut- und Leberwurst zuzubereiten.

Da es im Dorf keinen Metzger gab, legten die Männer des Haushaltes selbst Hand an. Das Schwein wurde durch einen Schlag auf den Schädel mit einem riesigen Schmiedhammer „betäubt" und mit einem gezielten Stich in den Hals getötet. Aufgabe der Frauen war es, das aus dem Hals hervorsprudelnde Blut mit einer Schüssel aufzufangen, das für die Blutwürste benötigt wurde.

Damit man länger etwas davon hatte, wurde die rohe, noch nicht geröstete Blutwurst auch in vorher sehr sorgfältig gesäuberte Dünndärme des Schweins mit einer sogenannten Wurstspritze gefüllt, gekocht und dann in der Speisekammer aufbewahrt. Da es im Winter dort sehr kalt war, waren die Würste bald beinhart gefroren und konnten so über Monate aufbewahrt werden.

Zur guten Tradition gehörte es, dem Nachbarn durch die Kinder eine reichliche Portion Blutwurst mit Wurstsuppe (= Wurstsuppe in der die Würste gekocht wurden) als Geschenk überreichen zu lassen. Auf diese Weise kam jede Familie mehrmals in den Genuß frischer Blutwurst und der sehr wohlschmeckenden Wurstsuppe.

Gschdonas *(Knöchelsülze)*

Zutaten für 4 Personen:

4 Schweinefüße/-ohren	*(Schweifiassala/Schweieala)*
2 Suppengrün	*(Subbngreazeich)*
1/4 Sellerie	*(Sahlerie)*
1 Lorbeerblatt	*(Lorwabladl)*
1 Liter Wasser	*(Wossa)*
4 Knoblauchzehen	*(Gnoflzähala)*

Die Schweinefüße sorgfältig säubern und von restlichen Borsten befreien (evtl. mit Kerze absengen) und mit dem Gemüse so lange im Salzwasser kochen (ca. 2 Stunden), bis sich das Fleisch vom Knochen löst. Zwischendurch immer wieder mit einem Löffel den Schaum abschöpfen und am Schluß die entstandene Suppe mit einem Sieb abseien, so daß von den Zutaten nichts in der Flüssigkeit bleibt. Das noch an den Knochen befindliche Fleisch abschälen und in die bereits vorbereiteten Portionsschalen (z. B. Suppenteller) gleichmäßig verteilen. Das Fleisch im Teller salzen, pfeffern und pro Portion eine halbe, zerdrückte Knoblauchzehe dazugeben. Die beim Kochen entstandene Fleischbrühe ebenfalls salzen, pfeffern, mit einem Schuß Essig abschmecken und gleichmäßig auf die bereits mit Fleisch gefüllten Teller verteilen. Die gefüllten Teller werden im Kühlschrank (früher Speise) aufbewahrt, wo sich die so entstandene Masse versteift.
Tip:
Wer im „*Gschdonas*“ mehr Fleisch haben möchte, kann mit den Schweinefüßen auch noch 500 g Schweinebauch weichkochen und in den Tellern verteilen.

*

Das *„Gschdonas"* wird mit *„Mamaligga"* oder Salzkartoffeln (evtl. auch mit einem Stück Schwarzbrot) verzehrt. Vor dem Verspeisen mit etwas Pfeffer, Salz und Essig würzen!

*

Das *„Gschdonas"* war auch traditioneller Bestandteil von Festessen im Winter (z. B. an Weihnachten, Fasching bzw. bei Hochzeiten oder Taufen im Winter). Es stand den Gästen zusätzlich zu den offiziellen Mittags- oder Abendgerichten jederzeit als eine Art Zwischenmahlzeit zur Verfügung. Auch als Brotzeit erfreute sich das *„Gschdonas"* großer Beliebtheit.

Ein besonderer Leckerbissen für die ganze Familie war und ist es, das frisch von den Knochen gelöste Fleisch sowie das Knochenmark mit Salz und Pfeffer sowie einem Stück Schwarzbrot zu verzehren.

Den Abschluß einer *„Gschdonas-Mahlzeit"* bildet ein kräftiger Schluck Schnaps!

Gedörrtes und Getrocknetes

Driggade Zwäschbn *(Dörrzwetschgen)*

Gewaschene und mit Küchenrolle abgetupfte Zwetschgen werden auf einem Blech im Ofenrohr bei ganz milder Hitze so lange gebacken/gedörrt, bis sie ganz schrumpelig geworden sind.

*

In Wasser gekocht (und nach Bedarf mit Zucker besüßt) ergeben *„Driggade Zwäschbn“* eine köstliche Nachspeise. Vor dem Servieren abkühlen lassen. Kalt auftragen!

*

Die Dörfler bewahrten die *„Driggadn Zwäschbn“* in Leinensäckchen auf, die sie an einem luftigen Ort, meist auf dem Dachboden, verwahrten. Bei festlichen Gelegenheiten wurde daraus eine wohlschmeckende Nachspeise zubereitet (s. oben).
Die Deutsch-Böhmen trockneten ihre Zwetschgen meist im hauseigenen Backofen, und zwar mit der Nachhitze nach dem Brotbacken, das in jedem Haushalt zum wöchentlichen Ritus gehörte, da es ja keinen Bäcker im Dorf gab.

Driggade Epflschbaldln / Biana

(Dörräpfelscheiben/-birnen)

Äpfel schälen, Kernhaus entfernen, in dünne Scheiben schneiden und auf einem Blech im Backofen bei geringer Hitze so lange trocknen, bis sie ganz schrumpelig werden.

Mit Birnen verfährt man ebenso. Allerdings werden sie nicht zerkleinert, sondern als ganzes getrocknet.

Die Aufbewahrung sowie die Verwendung als Nachspeise (kochen, gekühlt und gezuckert servieren) erfolgt wie bei den *„Driggadn Zwäschbn"* (Dörrzwetschgen).

Brodne Epfl *(Bratäpfel)*

Äpfel waschen, abtrocknen, in eine gefettete Bratreine schichten und bei mittlerer Hitze so lange im Backrohr lassen, bis die Äpfel Bläschen werfen und weich geworden sind (mit Nadel prüfen!).

*

„Brodne Epfl" wurden bei den Dörflern gerne an langen Winterabenden gegessen, dienten aber auch bei festlichen Essen als beliebte Nachspeise.
Zusammen mit *„Mamaligga"* wurden *„Brodne Epfl"* auch als leichte Abendmahlzeit verzehrt.

Gesäuertes

Gseiade Umurken, Riabln und Scheula

(In Salzwasser eingelegte Gurken, Mohrrüben und grüne Bohnen)

Zutaten für ein 5-Liter Glas/Steinfaß:

1,5 kg mittelgroße Gurken oder Mohrrüben oder grüne Bohnen	*(Umurken, Riabln, Scheula)*
1 Bund Dill	*(Gabbra)*
6 Knoblauchzehen	*(Gnoflzähala)*
4 kleine Zwiebeln	*(Zwiefln)*
1 Stück Meerrettichwurzel	*(Greewurzel)*
1 Stück Peperoni	*(Bebberone)*
3 Liter Salzwasser (Salz soll deutlich vorschmecken!)	*(Solzwossa)*

Vorbemerkung:
Zum Einlegen von Gurken, Mohrrüben oder Bohnen eignet sich am besten ein großes Glas (mindestens 5 Liter) oder ein Steintopf. Im Unterschied zu den Gurken müssen die Mohrrüben und Bohnen ca. 10 Minuten in Salzwasser gekocht werden. Natürlich sollte man bei den Bohnen jeweils die Enden entfernen und die Fäden abziehen. Die Zutaten sowie das Behältnis orientieren sich an der Gesamtmenge des Einmachgutes und können beliebig variiert werden.

*

Gurken oder vorbehandelte Mohrrüben oder Bohnen (siehe oben) waschen und schichtweise mit den Zutaten in das Gefäß legen. Das vorbereitete Salzwasser über das Einleggut gießen und mit einem kühlen Platz fünf bis sieben Tage abstellen. Danach kann die erste Kostprobe entnommen werden.

*

„Gseiade Umurken, Riabln und Scheula“ passen hervorragend als Beilage zu allen Fleischgerichten (Salatersatz /-alternative). Sie schmecken aber auch besonders ausgezeichnet mit *„Euaschmolz“* , *„Schbeeggramala“* und *„Mamaligga“*.

Gseiade Graudheipln und gseiads Graud

(Gesäuerte Krautköpfe und Sauerkraut)

Zutaten (je nach Menge):

Krautköpfe	*(Graudheipln)*
Zwiebeln	*(Zwiefln)*
Salz, Kümmel	*(Solz, Kähm)*
Wacholderbeeren	*(Growieglbiala)*

Die Krautköpfe werden in ein Holz- oder Steingutfaß von ca. 100 Liter Fassungsvermögen (je nach Bedarf!) geschichtet. Zwiebeln und Wacholderbeeren sowie Salz und Kümmel dazugeben und mit Wasser auffüllen, bis die Krautköpfe mit Wasser bedeckt sind. Die eingelegten Krautköpfe werden mit einem passenden Holzdeckel sowie einem Stein beschwert, so daß die Krautköpfe immer unter Wasser sind.
Nach ca. 3 Wochen kann das Kraut zum ersten Mal gekostet werden.
Das Sauerkraut wird auf dieselbe Art zubereitet. Natürlich müssen die Krautköpfe dazu mit einem extra dafür vorgesehenen Krauthobel fein geschnitten werden. Damit das Kraut im Faß eine feste Konsistenz bekommt, muß es nach jeder Lage eingestampft werden.

*

Sauerkraut in geschnittener Form wie auch als ganze Krautköpfe nehmen auf dem deutsch-böhmischen Speisezettel eine wichtige Stellung ein. Die Blätter der gesäuerten Krautköpfe werden für die Zubereitung der „*Galuschde*“ benötigt. Das geschnittene Sauerkraut hat für verschiedene Gerichte eine wichtige Bedeutung (vgl. „*Gseiads Graud mid gsalchdem Fleisch*“) und dient im Winter als Salatersatz. In Fett oder Speck geröstet, aber auch roh, schmeckt es ausgezeichnet z. B. zu „*Euaschmolz*“ , aber auch zu Schweine- oder Rinderbraten.

*

Sauerkraut einzumachen war vor allem für die Kinder lustig. Denn die Kleinen durften, nach peinlicher Säuberung, im Krautfaß mit bloßen Füßen das Kraut einstampfen, bis das Wasser hervortrat und an den Zehen kitzelte.

Ein alter Spruch lautet: „*Graud ihm Agga, mocht an Maan wagga!*“ (Kraut im Acker macht den Mann wacker!)

Süsspeisen - Gebäck - Kuchen

Kochde Zwäschbn / Epflschbaldln

(Gekochte Dörrzwetschgen/Äpfelscheiben)

Gedörrte Zwetschgen oder/und getrocknete Äpfelscheiben mit Wasser (je nach Menge) und einer kleinen Zimtstange ca. 1 Stunde kochen, dann kaltstellen und eventuell mit Zucker süßen.

Kalt in Schalen als Nachspeise servieren.

BIALAGANSCH *(Joghurt mit Beeren und Sahne)*

Zutaten für 4 Personen:

500 g Erdbeeren, Himm- oder Heidelbeeren	*(Biala)*
3 EL Zucker	*(Zugga)*
1/2 Becher süßer Rahm	*(Siaßa Schmäddn)*
1 Becher Joghurt	*(Gschdegglde Miehl)*

Die Beeren mit einer Gabel zerdrücken, zuckern und mit Rahm und Joghurt verrühren. Kalt servieren!

*

„Bialagansch" ist im Sommer eine sehr wohlschmeckende Nachspeise mit frischen Früchten. Er schmeckt aber auch besonders reizvoll mit *„Mamaligga"* und stellt dann durchaus eine vollständige, erfrischende Abendmahlzeit im Sommer dar.

Scheula *(Schmalzgebäck)*

Zutaten für 4 Personen:

300 g Schweineschmalz	*(Schweischmolz)*
1 Becher saurer Rahm	*(Sauana Schmäddn)*
20 g Hefe	*(Gearm)*
Mehl (soviel der Teig annimmt)	*(Mahl)*

Von den Zutaten einen Teig kneten und 2 - 3 Stunden kühl stellen. Dann 8 - 9 Klöse formen, je einen Kloß zum runden Teig auswalgen, in 8 Teile schneiden, mit „*Zwetschgenpowidl*" bestreichen und zum Kipferl rollen. Auf einem Blech in der Backröhre bei 220 Grad hellbraun backen. Noch heiß mit Vanillezucker bestreichen.

Waggal *(Hefekuchen)*

Zutaten für 4 Personen:

1/4 Liter Vollmilch	*(Vollmiehl)*
500 g Weizenmehl	*(Woiznmahl)*
1 Prise Salz	*(Solz*
3 EL Zucker	*(Zugga)*
2 Päckchen Vanillezucker	*(Wanielzugga)*
1 Päckchen Hefe	*(Gearm)*
2 Eier	*(Eua)*
2 EL Butter	*(Buhda)*
4 EL Rosinen	*(Rosienen)*

Die Milch leicht erwärmen (keinesfalls kochen!), vom Herd nehmen. Zucker, zerbröselte Hefe mit 6 Löffeln Mehl in die erwärmte Milch einrühren und an einem warmen Ort (z. B. bei 50 Grad erwärmten, leicht geöffneten Backrohr) 20 bis 30 Minuten abstellen. Inzwischen das restliche Mehl in einer Schüssel mit Eiern, Vanillezucker, Butter verrühren, die vorher zubereitete Hefemilch *(„Gearmdampferl")* darübergießen und die Masse mit den Händen kneten oder mit einem Rührgerät zu einem geschmeidigen Teig verarbeiten. Falls der Teig zäh geworden ist, kann man lauwarme Milch dazugeben. Hefeteig gründlich abschlagen, bis er sich vom Schüsselboden löst. Wenn sich an der Teigoberfläche kleine Blasen zeigen und der Teig zartglänzend ist, ist er genügend durchgeknetet.

*

Der Teig muss nun nochmals ca. 20 Minuten ruhen, bevor er in eine gefettete Form (z. B. Reine) eingefüllt werden kann. Nach dem Einfüllen in die Form ist eine nochmalige Ruhezeit von ca. 20 Minuten erforderlich. Erst dann wird er im vorgeheizten Rohr bei 200 Grad ca. 30 Minuten lang gebacken, bis sich eine goldbraune Oberfläche bildet.

Das *„Waggal"* wurde bei den Deutsch-Böhmen sehr häufig an Sonn- und Feiertagen zum Frühstück gereicht und unterstrich die Festlichkeit und Besonderheit des Tages.

Ganz besonders köstlich schmeckt das *„Waggal"* mit frischer Butter als Aufstrich!

Epflschdruhl *(Apfelstrudel)*

Zutaten für 4 Personen:

280 g Mehl	*(Mahl)*
140 g Butter	*(Buhda)*
2 Eier	*(Eua)*
4 EL saurer Rahm	*(Sauana Schmäddn)*
Salz	*(Solz)*
4 Äpfel	*(Epfl)*

Von der Hälfte des Mehls mit der Butter einen Teig bereiten und 1/2 Stunde ruhen lassen. Die andere Hälfte des Mehls mit 2 Eidotter, dem sauren Rahm, etwas Salz verkneten und ebenso ruhen lassen. Die Teigstücke aufeinanderlegen, ausrollen, zusammenschlagen. Dies wird zweimal wiederholt. Teig in drei Streifen schneiden, mit geraspelten Äpfeln füllen, zuckern, mit Zimt bestreuen, im Rohr bei 200 Grad goldgelb backen. Nach ca. 45 Minuten herausnehmen, den Eischnee von den 2 Eiern auf die Streifen geben und im Rohr fertig backen.

*

Mit Milch stellt der *„Epflschdruhl"* ein köstliches Essen dar, das vor allem von Kindern geliebt wird. Eine echte Alternative zu einer Fleischspeise!

Mohnschdruhl (Mohnstrudel)

Zutaten für 4 Personen:

für Teig:

500 g Mehl	*(Mahl)*
150 g Butter	*(Buhda)*
100 g Zucker	*(Zugga)*
1 Prise Salz	*(Solz)*
2 EL Rum	*(Ruhm)*
2 Eier	*(Eua)*
2 Eidotter	*(Euadoddala)*
40 g Hefe	*(Gearm)*
1/4 Liter Milch	*(Miehl)*

für die Mohnfülle:

500 g feingemahlener Mohn	*(gmohlna Mohn)*
1/2 Liter Milch	*(Miehl)*
100 g Zucker	*(Zugga)*
100 g Rosinen	*(Rosienen)*
50 g geriebene Haselnüsse	*(Hoslniss)*
2 Eiweiß	*(Eiweiß)*
Zitronat, Orangeat	*(Zidronad, Oranschad)*

Die Teigzutaten mit Milch, die mit der Hefe aufgegangen ist, vermischen und zu einem Teig kneten. Den Teig ca. 2 Stunden aufgehen lassen. In der Zwischenzeit wird die Mohnfülle zubereitet:
Den Mohn mit Milch aufkochen. In den abgekühlten Mohn gibt man den Zucker, die Rosinen und etwas geriebene Zitronenschale und geriebene Haselnüsse nach Geschmack, sowie zuletzt noch etwas geschnittenes Zitronat und Orangeat.

Aus dem Hefeteig 4 Rollen teilen, diese dünn auswalzen, mit Mohnfülle bestreichen, zusammenrollen, auf das gefettete Backblech legen, mit verquirltem Ei bestreichen und in dem vorgeheizten Backrohr ca. 30 Minuten backen. Vor dem Servieren mit Puderzucker bestreichen.

*

Mit frischer Milch ein köstliches Mahl! Kann aber auch kalt serviert werden, z. B. als Nachspeise oder zum Kaffee.

Zeltln *(Gebäck)*

Zutaten für 4 Personen:

2 Tassen Butter	*(Buhda)*
2 Tassen Zucker	*(Zugga)*
5 Eier	*(Eua)*
Mehl (je nach Bedarf)	*(Mahl)*

Man nimmt Butter, Zucker, 5 Eidotter, das Eiweiß zu Schnee geschlagen und so viel Mehl, daß der Teig recht fest wird. Den Teig dünn auswalgen und Plätzchen ausstechen. Im Backrohr hellbraun backen. Man kann die Plätzchen noch verfeinern, indem man ein Plätzchen mit Marmelade bestreicht und ein zweites daraufklebt (Doppeldecker). Mit Puderzucker bestäuben!

*

Plätzchen dieser Art hatte man insbesondere zu Festtagen, wie z. B. zur Weihnachtszeit oder zu Ostern, als gute Hausfrau immer vorrätig, allerdings vor den Hausgenossen meist an einem geheimen Ort versteckt. Kam Besuch, so wurden die Plätzchen rasch hervorgeholt und z. B. zum kredenzten Schnaps als sogenannten *„Zuabeis"* angeboten.

„Zeltln" dienten auch zusammen mit rotbackigen Äpfeln und vergoldeten Nüssen als traditioneller Weihnachtsschmuck.

Gropfa (*Krapfen*)

Zutaten:

150 g Butter	*(Buhda)*
6 Eigelb	*(Euadoddala)*
3 EL Puderzucker	*(Budhazugga)*
1 TL Salz	*(Solz)*
500 g Mehl	*(Mahl)*
3 EL Hefe	*(Gearm)*
1/4 Liter süßer Rahm	*(Siaßa Schmäddn)*
2 Eier	*(Eua)*
250 g Erdbeermarmelade	*(Marmalad)*
1 kg Butterschmalz	*(Buhdaschmolz)*
Zimt und Zucker	*(Ziemad und Zugga)*

Aus der Butter, dem Eigelb, Puderzucker, Salz, Mehl und dem süßen Rahm einen Teig rühren, der zugedeckt an einem warmen Ort zum Gehen gestellt wird. Danach auf einem mit Mehl bestreuten Brett dünn den Teig ausrollen (ca. 2 mm) und mit einem Trinkglas Blättchen ausstechen. Die zwei Eier aufschlagen und miteinander verrühren. Die Teigblättchen damit dünn bestreichen. Auf ein Blättchen einen Teelöffel Marmelade geben, ein anderes Blättchen drauflegen und an den Seiten gut zudrücken. Anschließend im heißen Schmalz goldgelb ausbacken. Zum Schluß die *„Gropfa"* mit Puderzucker und Zimt bestreuen.

*

Krapfen gab es nur zu besonderen Tagen im Jahr. An Kirchweih, zu Weihnachten, Ostern oder bei Hochzeiten und Taufen gehörten sie jedoch als obligatorischer Bestandteil des Festschmauses dazu.

Deutsch-Böhmisches Festessen vom Feinsten

Vorspeise

„Houzadsubbn"
Rindersuppe mit Bandnudeln

Hauptgang

„Brodns Fleisch mit Schbeeg"
Schweinebraten mit Geräuchertem

„Dotschn" / „Dotschala"
Kartoffelkuchen, -puffer

„Graudsolod mit Schbeeggramala"
Krautsalat mit knusprigen Speckwürfeln

„Gseiade Umurken, Riabala und Scheula"
Eingesäuerte Gurken, Gelbe Rüben und Bohnen

„Rouda-Roana-Gree"
Rote Rüben-Merrettisch-Tunke

„Gnoflwoika"
Knoblauchtunke

Nachspeise

„Bialgansch"
Joghurt-Beeren-Speise
oder
„Kochde Driggade Zwäschbn"
Dörrzwetschgenkompott

Deutsch-Böhmische Schmankerl

„Boarschdsubbn mid Mamalei“
Borschtsuppe mit Griesschnitten

„Gschodnas mid an Scherz Broud“
Sülze mit Schwarzbrot

„Galuschde mid Sämln“
Krautwickel mit Semmel

„Euaschmolz mid Schbeggramala und Mamaligga“
Rühreier mit Speck und Polenta

„Grätzde Bluad- und Lewawiarschd mid baadem Zwiefl oder ogschmolzna Sauergraud und Mamaligga“
Gebratene Blut- und Leberwurst mit gedünsteten Zwiebeln oder gebratenem Sauerkraut und Polenta

Deutsch-Böhmisches Holzhacker-Menü

Vorspeise

„Dreapflsubbn“
Kartoffelsuppe

Hauptgang

„Gseiads Graud mit gsalchdem Fleisch und Mamalei“
Sauerkraut mit geräuchertem Fleisch und Maisgriesschnitten

Nachspeise

„Brodna Opfl“
Bratapfel

Stichwortverzeichnis:

- *Andn-, Gockl- Gansbrodn* *(Enten-, Hähnchen-, Gansbraten)*
- *Baada Zwiefl* *(Gedünstete Zwiebeln)*
- *Bialagansch* *(Beeren-Joghurt mit Sahne)*
- *Bieroge* *(Gefüllte Teigtaschen)*
- *Blatschinke* *(Gefüllte und überbackene Pfannkuchen)*
- *Bluad- und Lewawierschd* *(Blut- und Leberwürste)*
- *Boarschd* *(Borschtsuppe)*
- *Brodne Epfl* *(Bratäpfel)*
- *Brodne Frahln* *(Gebratene Forellen)*
- *Brodns Fleisch* *(Schweine-, Rinder-, Kalbsbraten)*
- *Broudsubbn* *(Brotsuppe)*
- *Dotschala/Dotschn* *(Kartoffelpuffer, -kuchen)*
- *Dreapflgnehl* *(Kartoffelknödel)*
- *Dreapflnuhln* *(Kartoffelkroketten)*
- *Dreapflsubbn* *(Kartoffelsuppe)*
- *Driggade Epflschbaldln, driggade Biana* *(Dörräpfelscheiben, Dörrbirnen)*
- *Driggade Zwäschbn* *(Dörrzwetschgen)*
- *Eibränsubbn* *(Einbrennsuppe)*
- *Epflschbaldln /-ringala* *(Apfelküchlen/ -ringe)*
- *Epflschdruhl* *(Apfelstrudel)*
- *Euaschmolz* *(Rührei mit Speck)*
- *Fleischsubbn mid gschniedne Nuhln* *(Fleischsuppe mitBandnudeln)*
- *Galuschde* *(Krautwickel)*
- *Gaschal* *(Gries- oder Reisbrei)*
- *Gemiesesubbn* *(Gemüsesuppe)*
- *Gnoflwoika /-moschdä* *(Knoblauchtunke)*

- *Grätzda Bluhmenkohl*	*(Blumenkohl mit gerösteten Semmelbröseln)*
- *Grätzts*	*(Geröstetes)*
- *Greana Solod*	*(Grüner Kopfsalat)*
- *Greefleisch*	*(Gedünstetes Rindfleisch mit Meerrettichsoße)*
- *Greewoika*	*(Meerrettichtunke)*
- *Gropfa*	*(Krapfen)*
- *Gschdegglde Miehl*	*(Joghurt)*
- *Gschdonas*	*(Knöchelsülze)*
- *Gschniedne Nuhln mid Schbeeggramala*	*(Breitbandnudeln mit gebratenen Speckwürfeln)*
- *Gseiade Graudheipln und gseiads Graud*	*(Gesäuerte Krautköpfe und geschnittenes Sauerkraut)*
- *Gseiade Riabala, Umurken und Scheula*	*(Gesäuerte Mohrrüben, Gurken und Bohnen)*
- *Gseiade Umurken, Riabala und Scheula*	*(In Salzwasser eingelegte Gurken, Mohrrüben und Bohnen)*
- *Gseiads Graud mid gsalchdem Fleisch*	*(Sauerkraut mit Geräuchertem)*
- *Hirsch- und Rähbrodn*	*(Hirsch- und Rehbraten)*
- *Kochde Zwäschbn /Epflschbaldln*	*(Gekochte Zwetschgen / Apfelscheiben)*
- *Kohlrawie-Gemiese*	*(Kohlrabigemüse)*
- *Lamblbrodn*	*(Lammbraten)*
- *Liewanze*	*(Pfannkuchen aus Hefeteig)*
- *Mamalei*	*(Mais-, Griesschnitten)*
- *Mamaligga*	*(Polenta)*
- *Mohnschdruhl*	*(Mohnstrudel)*
- *Radesolod*	*(Rettichsalat)*

- *Rouda Ruamgree*	*(Tunke aus Meerrettich und roten Rüben)*
- *Roude Raana*	*(Rote Rübensalat)*
- *Sauane Miehlsubbn*	*(Sauere Milchsuppe)*
- *Schbeeggramala*	*(Gebratene Speckwürfel)*
- *Schdearz*	*(Kaiserschmarrn)*
- *Scheula*	*(Schmalzgebäck)*
- *Siaße Bezlsubbn*	*(Süße Einlaufsuppe)*
- *Solod mid gseiadn Graud*	*(Sauerkrautsalat)*
- *Solod mid siaßem Graud und Schbeeggramala*	*(Krautsalat mit gebratenen Speckwürfeln)*
- *Umurken- und Domadn-solod*	*(Gurken- und Tomatensalat)*
- *Umurkengemiese*	*(Gurkengemüse)*
- *Waggal*	*(Hefeteigkuchen)*
- *Waldschweibrodn*	*(Wildschweinbraten)*
- *Zeltln*	*(Gebäck)*
- *Zwäschbngnehl*	*(Zwetschgenknödel)*

Inhaltsverzeichnis: